Seneca | De constantia sapientis

Lucius Annaeus Seneca

De constantia sapientis

Über die Unerschütterlichkeit des Weisen

Lateinisch / Deutsch

Herausgegeben und übersetzt von Gernot Krapinger

Reclam

RECLAMS UNIVERSAL-BIBLIOTHEK Nr. 14283
2023 Philipp Reclam jun. Verlag GmbH,
Siemensstraße 32, 71254 Ditzingen
Gestaltung: Cornelia Feyll, Friedrich Forssman
Druck und Bindung: EsserDruck Solutions GmbH,
Untere Sonnenstraße 5, 84030 Ergolding
Printed in Germany 2023

ISBN 978-3-15-014283-7
www.reclam.de

Ad Serenum
de constantia sapientis
nec iniuriam nec contumeliam accipere sapientem

An Serenus
über die Unerschütterlichkeit des Weisen
und dass der Weise weder Unrecht noch Beleidigung erfährt

1 (1) Tantum inter Stoicos, Serene, et ceteros sapientiam professos interesse quantum inter feminas et mares non immerito dixerim, cum utraque turba ad vitae societatem tantundem conferat, sed altera pars ad obsequendum, altera imperio nata sit. Ceteri sapientes molliter et blande, ut fere domestici et familiares medici aegris corporibus, non qua optimum et celerrimum est medentur sed qua licet: Stoici virilem ingressi viam non ut amoena ineuntibus videatur curae habent, sed ut quam primum nos eripiat et in illum editum verticem educat qui adeo extra omnem teli iactum surrexit ut supra fortunam emineat. (2) »At ardua per quae vocamur et confragosa sunt.« Quid enim? plano aditur excelsum? Sed ne tam abrupta quidem sunt quam quidam putant. Prima tantum pars saxa rupesque habet et invii speciem, sicut pleraque ex longinquo speculantibus abscisa et conexa videri solent, cum aciem longinquitas fallat, deinde propius adeuntibus eadem illa quae in unum congesserat error oculorum paulatim adaperiuntur, tum illis quae praecipitia ex intervallo apparebant redit lene fastigium.

(3) Nuper cum incidisset mentio M. Catonis, indigne ferebas, sicut es iniquitatis impatiens, quod Catonem aetas sua parum intellexisset, quod supra Pompeios et Caesares

1 (1) Ich liege, mein lieber Serenus, wohl nicht falsch mit der Behauptung, dass zwischen den Stoikern und den übrigen Leuten, die sich um Weisheit bemühen, so viel Unterschied ist wie zwischen Mann und Frau; denn beide Gruppen tragen zur Lebensgemeinschaft gleich viel bei, die eine ist aber geboren worden, um zu gehorchen, die andere, um zu befehlen.[1] Die übrigen Philosophen gehen sanft und einschmeichelnd vor, etwa so wie Ärzte[2] aus dem eigenen Haus und der eigenen Familie kranke Körper nicht auf die beste und schnellste Weise, sondern auf die Art, die ihnen gestattet wird, heilen. Die Stoiker beschreiten einen männlichen Weg[3] und scheren sich nicht darum, dass er denen, die ihn betreten, angenehm erscheint, sondern darum, dass er uns befreit und auf jenen erhabenen Gipfel führt, der so sehr über der Reichweite jeglichen Geschosses emporragt, dass er über dem Schicksal steht.[4] (2) »Aber steil ist der Weg,[5] auf den wir gerufen werden, und holperig.« Was denn? Auf ebenem Weg kommt man in die Höhe? Dabei ist er nicht einmal so abschüssig, wie manche meinen. Nur der erste Teil hat Steine und Felsen und sieht unwegsam aus, so wie das meiste dem fernen Betrachter gewöhnlich schroff und unzugänglich erscheint, da die Entfernung das Auge trübt und täuscht; kommt man aber näher heran, dann öffnet sich allmählich das, was die Augen irrtümlich zu *einem* zusammengezogen hatten, und es verwandelt sich das, was aus der Entfernung abschüssig erschienen war, in einen (nur) sanften Höhenunterschied.

(3) Als neulich die Rede auf M. Cato fiel, warst du in deiner Unduldsamkeit gegenüber Ungerechtigkeit darüber erbost, dass seine Generation ihn zu wenig verstanden hatte, dass er, der Männer wie Pompeius und Caesar überragte,

surgentem infra Vatinios posuisset, et tibi indignum videbatur quod illi dissuasuro legem toga in foro esset erepta quodque a rostris usque ad arcum Fabianum per seditiosae factionis manus traditus voces improbas et sputa et omnis alias insanae multitudinis contumelias pertulisset.

2 (1) Tum ego respondi habere te quod rei publicae nomine movereris, quam hinc P. Clodius, hinc Vatinius ac pessimus quisque venundabat et caeca cupiditate correpti non intellegebant se dum vendunt et venire: pro ipso quidem Catone securum te esse iussi; nullam enim sapientem nec iniuriam accipere nec contumeliam posse, Catonem autem certius exemplar sapientis viri nobis deos immortalis dedisse quam Ulixen et Herculem prioribus saeculis. Hos enim Stoici nostri sapientes pronuntiaverunt, invictos laboribus et contemptores voluptatis et victores omnium ferarum. (2) Cato non cum feris manus contulit, quas consectari venatoris agrestisque est, nec monstra igne ac ferro persecutus est, nec in ea tempora incidit quibus credi posset caelum umeris unius inniti: excussa iam antiqua credulitate et saeculo ad summam perducto sollertiam cum ambitu congressus, multiformi malo, et cum potentiae immensa cupiditate, quam totus orbis in tres divisus satiare non poterat, adversus vitia civitatis degenerantis et pessum sua

hinter Leute wie Vatinius gestellt wurde, und es erschien dir entwürdigend, dass ihm, als er sich gegen einen Gesetzesantrag ausgesprochen hatte, auf dem Forum die Toga vom Leib gerissen wurde und er von den Rostren bis zum Fabius-Bogen, von den Händen einer aufrührerischen Rotte hin- und hergestoßen, unflätige Beschimpfung, Bespuckung und alle anderen Beleidigungen der rasenden Menge über sich ergehen lassen musste.[6]

2 (1) Da[7] erwiderte ich, du[8] hättest Grund, wegen des Staates aufgebracht zu sein, den bald P. Clodius, bald Vatinius und alle Gauner verscherbeln wollten; in ihrer blinden Gier erkannten sie nicht, dass sie, während sie den Staat feilboten, auch selbst verkauft wurden.[9] Um Cato aber, so lautete meine Anweisung, solltest du dir keine Sorgen machen: Kein Weiser kann Ungerechtigkeit, kann Beleidigung erfahren,[10] mit Cato aber hätten uns die unsterblichen Götter ein verlässlicheres Vorbild eines weisen Mannes gegeben als in früherer Zeit mit Odysseus und Herkules. Diese beiden haben unsere Stoiker zu Weisen erklärt,[11] von Strapazen unbesiegt, Verächter der Lust, Bezwinger aller Bestien[12]. (2) Cato rang nicht mit wilden Tieren, die zu verfolgen Sache des Jägers und Landmannes ist; er hat weder mit Feuer und Schwert[13] Ungeheuer verfolgt, noch ist er in einer Zeit geboren, in der man glauben konnte, der Himmel ruhe auf den Schultern eines Einzigen[14]; diese alte Leichtgläubigkeit hatte man schon abgeschüttelt,[15] und die Zeit war an dem Höhepunkt des Scharfsinns angekommen, da kämpfte er gegen Korruption, ein vielgestaltiges Übel,[16] und gegen maßlose Machtgier, die die ganze auf drei aufgeteilte Welt[17] nicht zu stillen vermochte, gegen die Laster eines verkommenen Volkes, das wegen seiner Größe im-

mole sidentis stetit solus et cadentem rem publicam, quantum modo una retrahi manu poterat, tenuit, donec abstractus comitem se diu sustentatae ruinae dedit simulque extincta sunt quae nefas erat dividi; neque enim Cato post libertatem vixit nec libertas post Catonem. (3) Huic tu putas iniuriam fieri potuisse a populo quod aut praeturam illi detraxit aut togam, quod sacrum illud caput purgamentis oris adspersit? Tutus est sapiens nec ulla affici aut iniuria aut contumelia potest.

3 (1) Videor mihi intueri animum tuum incensum et effervescentem, paras adclamare: »Haec sunt quae auctoritatem praeceptis vestris detrahant. Magna promittitis et quae ne optari quidem, nedum credi possint. Deinde ingentia locuti cum pauperem negastis esse sapientem, non negatis solere illi et servum et tectum et cibum deesse; cum sapientem negastis insanire, non negatis et alienari et parum sana verba emittere et quicquid vis morbi cogit audere; cum sapientem negastis servum esse, idem non itis infitias et veniturum et imperata facturum et domino suo servilia praestaturum ministeria: ita sublato alte supercilio in eadem quae ceteri descenditis mutatis rerum nominibus.

(2) Tale itaque aliquid et in hoc esse suspicor, quod prima specie pulchrum atque magnificum est, nec iniuriam nec

mer tiefer sank;[18] er stand allein[19] und hielt den im Fall befindlichen Staat, soweit er sich von den Händen eines Einzigen noch aufhalten ließ, fest, bis er mitgerissen wurde und mit ihm dem Untergang anheimfiel, den er lange noch aufhalten konnte, und alles zugleich erlosch, was zu trennen nicht statthaft gewesen wäre: Denn es überlebte weder Cato die Freiheit noch die Freiheit Cato.[20] (3) Diesem Mann, glaubst du, habe Unrecht geschehen können vom Volk,[21] weil es ihm die Prätur vorenthielt oder die Toga herunterriss, weil es dessen heiliges Haupt mit dem Auswurf seines Maules besudelte?[22] Ohne Gefahr ist der Weise, weder Unrecht noch Kränkung können ihn treffen.[23]

3 (1) Ich meine zu sehen, wie du kochst und aufbraust. Du bist dabei, auszurufen: »Das ist es, was das Gewicht eurer Anweisungen mindert: Ihr versprecht Großes, was man nicht einmal wünschen, geschweige denn glauben kann; dann aber, wenn ihr Gewaltiges behauptet habt, indem ihr in Abrede stelltet, dass ein Weiser arm sei,[24] stellt ihr keineswegs in Abrede, dass ihm gewöhnlich Haus, Diener und Essen fehlen; wenn ihr in Abrede gestellt habt, dass der Weise von Sinnen sei, stellt ihr nicht in Abrede, dass er wahnsinnig sei, nicht sonderlich Gescheites von sich gebe und alles, wozu ihn die Macht seiner Krankheit zwingt, in Angriff nehme. Nachdem ihr in Abrede gestellt habt, dass der Weise ein Sklave sei, bestreitet ihr aber nicht, dass er verkauft wird, Befehle ausführen und für seinen Herrn Sklavendienste verrichten wird. So sinkt ihr, mit hochgezogenen Augenbrauen, auf dasselbe Niveau wie die Übrigen hinab und ändert nur die Bezeichnungen für die Dinge.[25]

(2) Irgendetwas dieser Art liegt auch bei diesem Gedanken vor, der auf den ersten Blick schön und großartig ist:

contumeliam accepturum esse sapientem. Multum autem interest utrum sapientem extra indignationem an extra iniuriam ponas. Nam si dicis illum aequo animo laturum, nullum habet privilegium, contigit illi res vulgaris et quae discitur ipsa iniuriarum adsiduitate, patientia; si negas accepturum iniuriam, id est neminem illi temptaturum facere, omnibus relictis negotiis Stoicus fio.«

(3) Ego vero sapientem non imaginario honore verborum exornare constitui, sed eo loco ponere quo nulla permittatur iniuria. »Quid ergo? nemo erit qui lacessat, qui temptet?« Nihil in rerum natura tam sacrum est quod sacrilegum non inveniat, sed non ideo divina minus in sublimi sunt si existunt qui magnitudinem multum ultra se positam non tacturi adpetant; invulnerabile est non quod non feritur, sed quod non laeditur: ex hac tibi nota sapientem exhibebo. (4) Numquid dubium est quin certius robur sit quod non vincitur quam quod non lacessitur, cum dubiae sint vires inexpertae, at merito certissima firmitas habeatur, quae omnis incursus respuit? Sic tu sapientem melioris scito esse naturae, si nulla illi iniuria nocet, quam si nulla fit; et illum fortem virum dicam quem bella non subigunt nec admota vis hostilis exterret, non cui pingue otium est

Der Weise wird weder Unrecht noch Schmähung erleiden. Es macht aber einen großen Unterschied, ob du den Weisen ohne Entrüstung oder ohne Unrecht sein lässt. Denn wenn du sagst, er werde es mit Gleichmut ertragen,[26] so hat er kein Vorrecht inne, ihn trifft eine alltägliche Sache, die man schon dadurch, dass man oft unrechte Taten erfährt, erlernt: Geduld. Wenn du aber behauptest, ihn werde kein Unrecht treffen, das heißt, niemand werde versuchen, es ihm anzutun, dann lasse ich alles liegen und stehen und werde Stoiker.«[27]

(3) Ich hatte mir nicht vorgenommen, den Weisen mit einer zum Schein mit Worten vorgebrachten Ehrenbezeugung auszuzeichnen, sondern ihn dorthin zu stellen, wo kein Unrecht erlaubt ist. Was soll das nun heißen? Es wird keinen geben, der ihn provoziert, ihn angreift? Nichts auf der Welt ist so heilig, dass es keine Heiligenschänder findet. Aber Göttliches ist nicht deshalb weniger erhaben, weil es Leute gibt, die Größe, die weit über ihnen steht, zu erreichen suchen, ohne an sie heranzukommen.[28] Unverwundbar ist nicht das, was nicht getroffen, sondern das, was nicht verletzt wird: An diesem Zeichen werde ich den Weisen für dich erkennbar machen. (4) Besteht etwa irgendein Zweifel daran, dass die Kraft, die nicht besiegt wird, zuverlässiger ist als die, die nicht angegriffen wird, zumal Streitkräfte, die nicht erprobt sind, unzuverlässig sind, aber mit Recht diejenige Stärke als die zuverlässigste gilt, die alle Angriffe zurückstößt. So sollst du wissen: Der Weise ist von der Natur besser ausgestattet, wenn ihm Unrecht nicht schaden kann, als wenn ihm keines geschieht. Und jenen will ich einen mutigen Mann nennen, den Kriege nicht niederwerfen und den feindliche Gewalt, die ihm angetan wird, nicht

inter desides populos. (5) Hoc igitur dico, sapientem nulli esse iniuriae obnoxium; itaque non refert quam multa in illum coiciantur tela, cum sit nulli penetrabilis. Quomodo quorundam lapidum inexpugnabilis ferro duritia est nec secari adamas aut caedi vel deteri potest sed incurrentia ultro retundit, quemadmodum quaedam non possunt igne consumi sed flamma circumfusa rigorem suum habitumque conservant, quemadmodum proiecti quidam in altum scopuli mare frangunt nec ipsi ulla saevitiae vestigia tot verberati saeculis ostentant, ita sapientis animus solidus est et id roboris collegit ut tam tutus sit ab iniuria quam illa quae rettuli.

4 (1) »Quid ergo? non erit aliquis qui sapienti facere temptet iniuriam?« Temptabit, sed non perventuram ad eum; maiore enim intervallo a contactu inferiorum abductus est quam ut ulla vis noxia usque ad illum vires suas perferat. Etiam cum potentes, et imperio editi et consensu servientium validi, nocere intendent, tam citra sapientiam omnes eorum impetus deficient quam quae nervo tormentisve in altum exprimuntur, cum extra visum exsilierint, citra caelum tamen flectuntur.

(2) Quid? tu putas tum, eum stolidus ille rex multitudine telorum diem obscuraret, ullam sagittam in solem incidisse

schrecken kann, nicht den, der behagliche Ruhe unter trägen Völkern genießt. (5) Ich behaupte also: Der Weise ist keinem Unrecht ausgeliefert. Daher ist es einerlei, wie viele Geschosse auf ihn geworfen werden, weil keines in ihn eindringen kann. So wie die Härte gewisser Steine Eisen standhält und Diamant sich weder schneiden noch zerschlagen lässt noch sich abnutzt, sondern vielmehr umgekehrt er alles, was auf ihn trifft, abstumpft, so wie manche Dinge nicht vom Feuer verzehrt werden können, sondern von den Flammen umlodert Härte und Aussehen bewahren, so wie manche weit auf die hohe See hinausragende Klippen das Meer brechen, ohne selbst, obwohl so viele Jahrhunderte davon gepeitscht, irgendwelche Spuren der Meeresbrandung zu zeigen, so hart ist der Geist des Weisen und so viel Festigkeit hat er gesammelt, dass er vor Unrecht so geschützt ist wie das, was ich vorgebracht habe.

4 (1) »Wie denn nun? Es wird niemanden geben, der versucht, dem Weisen Unrecht zu tun?« Versuchen wird es jemand, aber das Unrecht wird ihn nicht erreichen; denn vor einer Berührung mit Niedrigerem wird er ferngehalten durch einen Abstand, der zu groß ist, als dass irgendeine schädliche Macht ihre Wirkung bis zu ihm entfalten könnte. Auch wenn einflussreiche Leute, durch Befehlsgewalt herausgehoben, stark durch die einträchtige Ergebenheit ihrer Untergebenen, ihnen schaden wollen, gehen all ihre Angriffe, so weit unter der Weisheit stehend, ins Leere, wie das, was mit einer Bogensehne und Wurfgeschossen in die Höhe geschleudert wird, zwar das Sichtfeld verlässt, aber dennoch unterhalb des Himmels kehrtmacht.

(2) Wie? Glaubst du, dass damals, als jener törichte König mit einer Menge von Geschossen den Tag verdunkelte,

aut demissis in profundum catenis Neptunum potuisse contingi? Ut caelestia humanas manus effugiunt et ab his qui templa diruunt ac simulacra conflant nihil divinitati nocetur, ita quicquid fit in sapientem proterve, petulanter, superbe, frustra temptatur. (3) »At satius erat neminem esse qui facere vellet.« Rem difficilem optas humano generi, innocentiam; et non fieri eorum interest qui facturi sunt, non eius qui pati ne si fiat quidem potest. Immo nescio an magis vires sapientiae ostendat tranquillitas inter lacessentia, sicut maximum argumentum est imperatoris armis virisque pollentis tuta securitas in hostium terra.

5 (1) Dividamus, si tibi videtur, Serene, iniuriam a contumelia. Prior illa natura gravior est, haec levior et tantum delicatis gravis, qua non laeduntur homines sed offenduntur. Tanta est tamen animorum dissolutio et vanitas ut quidam nihil acerbius putent; sic invenies servum qui flagellis quam colaphis caedi malit et qui mortem ac verbera tolerabiliora credat quam contumeliosa verba. (2) Ad tantas ineptias perventum est ut non dolore tantum sed doloris opinione vexemur, more puerorum, quibus metum incutit

irgendein Pfeil in die Sonne eingedrungen sei oder dass von den Ketten, die in die (Meeres-)Tiefe gelassen worden sind, Neptun berührt werden konnte?[29] Wie Himmlisches den Händen der Menschen entkommt und diejenigen, die Tempel ausrauben und Götterbilder einschmelzen,[30] in keiner Weise der Göttlichkeit schaden, so wird, was auch immer dreist, mutwillig und hochmütig dem Weisen angetan wird, vergeblich versucht. (3) »Aber besser wäre es, wenn es niemanden gäbe, der die Absicht hat, das zu tun.« Du forderst eine für die Menschen schwierige Sache: frei von Schuld zu sein. Dass kein Unrecht geschieht, ist für die von Belang, die es tun wollen, nicht für den, der nicht einmal, wenn es geschieht, darunter zu leiden hat. Es zeigt doch wohl die Weisheit dann, wenn sie herausgefordert wird, durch Gelassenheit in höherem Maße ihre Kraft, so wie völlige Sicherheit[31] im Feindesland am deutlichsten auf einen mit bewaffneter Mannschaft reich ausgestatteten Feldherrn hinweist.

5 (1) Grenzen wir, wenn es dir recht ist, Serenus, Unrecht von Beleidigung ab.[32] Ersteres ist von Natur aus schwerwiegender, Letztere harmloser und nur für Zartbesaitete[33] schwerwiegend, durch sie (die Beleidigung) werden Menschen keine Wunden, sondern Kränkungen zugefügt. Manche Gemüter sind allerdings so schwach und eitel, dass sie sich nichts Schlimmeres vorstellen können (als Kränkungen). So wird man einen Sklaven finden können, der lieber Peitschenhiebe als Ohrfeigen abbekommt und zu Tode gepeitscht zu werden für erträglicher hält als eine kränkende Bemerkung. (2) So weit sind wir in unserer Torheit schon gekommen, dass uns nicht nur der Schmerz quält, sondern bereits der Gedanke daran, ganz so wie Kinder,[34] denen ein

umbra et personarum deformitas et depravata facies, lacrimas vero evocant nomina parum grata auribus et digitorum motus et alia quae impetu quodam erroris improvidi refugiunt.

(3) Iniuria propositum hoc habet, aliquem malo adficere; malo autem sapientia non relinquit locum (unum enim illi malum est turpitudo, quae intrare eo ubi iam virtus honestumque est non potest); ergo, si iniuria sine malo nulla est, malum nisi turpe nullum est, turpe autem ad honestis occupatum pervenire non potest, iniuria ad sapientem non pervenit. Nam si iniuria alicuius mali patientia est, sapiens autem nullius mali est patiens, nulla ad sapientem iniuria pertinet. (4) Omnis iniuria deminutio eius est in quem incurrit, nec potest quisquam iniuriam accipere sine aliquo detrimento vel dignitatis vel corporis vel rerum extra nos positarum. Sapiens autem nihil perdere potest; omnia in se reposuit, nihil fortunae credit, bona sua in solido habet contentus virtute, quae fortuitis non indiget ideoque nec augeri nec minui potest; nam et in summum perducta incrementi non habent locum et nihil eripit fortuna nisi quod dedit; virtutem autem non dat, ideo nec detrahit: libera est, inviolabilis, inmota, inconcussa, sic contra casus indurata ut ne inclinari quidem, nedum vinci possit; adversus appa-

Schatten, eine hässliche Maske, eine Grimasse Angst einflößt und Worte, die den Ohren nicht sonderlich angenehm sind, Verrenkungen der Finger und anderes, wovor sie in einem Anfall gedankenlosen Wahns zurückschrecken, Tränen entlocken.

(3) Unrecht ist darauf aus, jemandem Böses anzutun. Für Böses hat aber die Weisheit keinen Platz.[35] Das einzige Böse für sie ist die Schande,[36] die dort, wo Tugend und Ehre sind, nicht eintreten kann. Wenn es daher ohne Böses kein Unrecht gibt, es kein Böses gibt, das nicht schändlich ist, das Schändliche aber diejenigen, die sich dem Ehrenhaften verschrieben haben, nicht erreichen kann, kann auch Unrecht den Weisen nicht erreichen. Denn wenn Unrecht das Erleiden irgendeines Bösen ist, der Weise aber nichts Böses erleidet, dringt zu ihm kein Unrecht vor.[37] (4) Jedes Unrecht ist eine Schädigung dessen, den es trifft, und niemand kann Unrecht erleiden ohne irgendeine Beeinträchtigung an Würde, an körperlicher Unversehrtheit oder an Gütern, die außerhalb von uns stehen. Der Weise kann aber nichts verlieren. Alles hat er in sich geborgen, dem Schicksal misstraut er, seine Güter hat er in Sicherheit gebracht, und er vertraut auf seine Tugend, die keine Glücksgüter braucht und daher weder zu- noch abnehmen kann.[38] Denn was zur Vollkommenheit gebracht worden ist, hat für einen Zuwachs keinen Platz, und das Schicksal kann nur (weg)nehmen, was es gegeben hat; die Tugend gibt es (das Schicksal) aber nicht, daher kann es sie auch nicht wegnehmen. Sie ist frei, unverrückbar, unerschütterlich und gegenüber Schicksalsschlägen so unangreifbar, dass sie nicht einmal ins Wanken gebracht, geschweige denn besiegt werden kann. Auf Vorbereitungen zu Schrecklichem richtet sie regungs-

ratus terribilium rectos oculos tenet, nihil ex vultu mutat sive illi dura sive secunda ostentantur. (5) Itaque nihil perdet quod perire sensurus sit; unius enim in possessione virtutis est, ex qua depelli numquam potest, ceteris precario utitur: quis autem iactura movetur alieni? Quodsi iniuria nihil laedere potest ex his quae propria sapientis sunt, quia ⟨salva⟩ virtute sua salva sunt, iniuria sapienti non potest fieri.

(6) Megaram Demetrius ceperat, cui cognomen Poliorcetes fuit. Ab hoc Stilbon philosophus interrogatus num aliquid perdidisset, »nihil«, inquit »omnia mea mecum sunt.« Atqui et patrimonium eius in praedam cesserat et filias rapuerat hostis et patria in alienam dicionem pervenerat et ipsum rex circumfusus victoris exercitus armis ex superiore loco rogitabat. (7) At ille victoriam illi excussit et se urbe capta non invictum tantum sed indemnem esse testatus est; habebat enim vera secum bona, in quae non est manus iniectio, at quae dissipata et direpta ferebantur non iudicabat sua sed adventicia et nutum fortunae sequentia. Ideo ut non propria dilexerat; omnium enim extrinsecus adfluentium lubrica et incerta possessio est.

6 (1) Cogita nunc, an huic fur aut calumniator aut vicinus impotens aut dives aliquis regnum orbae senectutis exer-

los ihre Augen, und ob sich ihr Ungünstiges oder Günstiges zeigt, sie verzieht keine Miene. (5) Daher wird der Weise nichts verlieren, was er als Verlust empfindet; das Einzige, was er besitzt, ist die Tugend, aus welcher er niemals vertrieben werden kann, alles Übrige hat er aufgrund einer Bittleihe[39] nur in Gebrauch: Wen aber kümmert der Verlust von etwas, das ihm nicht gehört? Wenn aber Unrecht nichts von dem, was dem Weisen gehört, verletzen kann, weil, solange seine Tugend unbeschadet ist, es auch sein Besitz ist, kann dem Weisen kein Unrecht erwachsen.

(6) Demetrios, der den Beinamen Städteeroberer trug, hatte Megara eingenommen. Der Philosoph Stilpon erwiderte, als er von jenem gefragt wurde, ob er denn etwas verloren habe: »Nichts, all das Meine ist bei mir.«[40] Dabei war doch seine Habe geplündert worden, die Feinde hatten seine Töchter geraubt, die Vaterstadt war unter fremde Herrschaft geraten, und gerade an ihn, umringt von den Waffen des siegreichen Heeres, stellte der König von oben herab[41] diese Frage. (7) Aber jener entriss ihm den Sieg und bewies, dass er trotz der Einnahme der Stadt nicht nur unbesiegt, sondern unbeschädigt geblieben war. Die wahren Güter,[42] die handgreiflich in Besitz zu nehmen[43] nicht möglich ist, hatte er bei sich. Was aber zerstört und geraubt davongetragen wurde, das sah er nicht als das Seinige an, sondern als ein dem Wink des Zufalls höriges Gut. Daher hatte er es auch nicht als etwas Eigenes geliebt; denn alles, was von außen zu uns kommt, ist ein flüchtiger und unsicherer Besitz.

6 (1) Überlege nun, ob ein Dieb, ein Verleumder, ein gewalttätiger Nachbar oder irgendein Reicher, der aufgrund seines Alters und seiner Kinderlosigkeit herrschsüchtig ist,

cens facere iniuriam possit, cui bellum et hostis et ille egregiam artem quassandarum urbium professus eripere nihil potuit. (2) Inter micantis ubique gladios et militarem in rapina tumultum, inter flammas et sanguinem stragemque impulsae civitatis, inter fragorem templorum super deos suos cadentium uni homini pax fuit. Non est itaque quod audax iudices promissum, cuius tibi, si parum fidei habeo, sponsorem dabo. Vix enim credis tantum firmitatis in hominem aut tantam animi magnitudinem cadere; sed is prodit in medium qui dicat: (3) »non est quod dubites an attollere se homo natus supra humana possit, an dolores damna, ulcerationes vulnera, magnos motus rerum circa se frementium securus aspiciat et dura placide ferat et secunda moderate, nec illis cedens nec his fretus unus idemque inter diversa sit nec quicquam suum nisi se putet, et se quoque ea parte qua melior est. (4) En adsum hoc vobis probaturus, sub isto tot civitatium eversore munimenta incussu arietis labefieri et turrium altitudinem cuniculis ac latentibus fossis repente desidere et aequaturum editissimas arces aggerem crescere, at nulla machinamenta posse reperiri quae bene fundatum animum agitent. (5) Erepsi modo e ruinis domus et incendiis undique relucentibus flammas per san-

einem solchen Mann Unrecht tun könnte, einem, dem weder Krieg noch Feind noch jener König, der ganz in seiner herausragenden Fähigkeit des Städtezerschmetterns aufging, etwas rauben konnte. (2) Inmitten von funkelnden Schwertern, im Getümmel plündernder Soldaten, in den Flammen, dem Blut und den Trümmern einer niedergerissenen Stadt, im Getöse der über ihren Göttern einstürzenden Tempel hat ein einziger Mensch Frieden gefunden. Daher hast du keinen Grund, anzunehmen, dass meine Behauptung kühn gewesen sei; wenn ich zu wenig glaubhaft bin, kann ich dir dafür einen Bürgen stellen. Du glaubst es nämlich kaum, dass einem Menschen so viel an Stärke, so gewaltige Seelengröße[44] zufällt. Wenn aber einer in die Mitte tritt und sagt: (3) »Es gibt keinen Grund, daran zu zweifeln, ob man sich, als Mensch geboren, über Menschliches erheben kann, ob man Schmerzen, Verluste, Geschwüre, Wunden, große Umwälzungen der rundum tobenden Welt sorglos betrachten,[45] Schwierigkeiten gelassen, Glück mit Maß ertragen sowie, ohne dem einen zu erliegen oder auf das andere sich zu verlassen, in den unterschiedlichsten Lebensumständen ein und derselbe bleiben und nichts für sein Eigen halten kann außer sich selbst. (4) Schau, hier bin ich und will euch beweisen, dass (zwar) unter diesem Zerstörer so vieler Städte[46] die Befestigungen durch das Hämmern des Rammbockes ins Wanken gebracht werden, hohe Türme durch Stollen und verborgene Gräben plötzlich einstürzen und ein Wall bis zu den höchsten Burgen sich erhebt, aber man keine Maschinen erfinden kann, die eine wohlgegründete Seele erschüttern. (5) Gerade bin ich herausgekrochen aus den Trümmern meines Hauses und, während auf allen Seiten Brände leuchteten,

guinem fugi; filias meas quis casus habeat, an peior publico, nescio; solus et senior et hostilia circa me omnia videns tamen integrum incolumemque esse censum meum profiteor: teneo, habeo quidquid mei habui. (6) Non est quod me victum victoremque te credas: vicit fortuna tua fortunam meam. Caduca illa et dominum mutantia ubi sint nescio: quod ad res meas pertinet, mecum sunt, mecum erunt. (7) Perdiderunt isti divites patrimonia, libidinosi amores suos et magno pudoris impendio dilecta scorta, ambitiosi curiam et forum et loca exercendis in publico vitiis destinata; feneratores perdiderunt tabellas, quibus avaritia falso laeta divitias imaginatur: ego quidem omnia integra inlibataque habeo. Proinde istos interroga qui flent lamentantur, qui strictis gladiis nuda pro pecunia corpora opponunt, qui hostem onerato sinu fugiunt.«

(8) Ergo ita habe. Serene, perfectum illum virum, humanis divinisque virtutibus plenum, nihil perdere. Bona eius solidis et inexsuperabilibus munimentis praecincta sunt. Non Babylonios illis muros contuleris, quos Alexander intravit, non Carthaginis aut Numantiae moenia una manu capta, non Capitolium arcemve – habent ista hostile vestigium: illa quae sapientem tuentur et a flamma et ab incursu

durch (ein Meer von) Blut den Flammen entkommen. Welches Schicksal meine Töchter[47] getroffen hat, ob ein schlimmeres als die Stadt, ich weiß es nicht; allein, alt und offensichtlich von Feinden umgeben, erkläre ich dennoch: Mein Vermögen ist unversehrt und heil (geblieben). Ich halte fest und besitze, was je ich besessen habe.[48] (6) Es gibt keinen Grund dafür, mich für besiegt, dich für den Sieger zu halten. Besiegt hat dein Schicksal das meinige.[49] Das, was vergänglich ist und seinen Besitzer wechselt, mag wo auch immer sein! Was *meine* Dinge betrifft, die sind bei mir und werden dort auch bleiben. (7) Verloren haben Reiche ihren Besitz, Lüstlinge ihre Liebeleien und ihre um den hohen Preis ihrer Sittsamkeit[50] geliebten Freudenmädchen, die Ehrgeizlinge die Kurie, das Forum und die (anderen) für die öffentliche Ausübung ihres Lasters bestimmten Plätze; Wucherer verloren ihre Listen[51], über denen die Habsucht in eitler Freude vom Reichtum träumt: Ich hingegen habe alles (behalten), unversehrt und vollständig. Frag doch diejenigen, die flennen und lamentieren, zum Schutze ihres Geldes ihre ungeschützten Leiber gezückten Schwertern entgegenwerfen und, wenn sie ihre Taschen[52] gefüllt haben, vor dem Feind davonlaufen.«

(8) Lass dir also gesagt sein, Serenus: Der vollkommene Mann, mit den Vorzügen der Menschen und Götter ausgestattet, verliert nichts. Sein Besitz ist von festen unüberwindlichen Bollwerken umgeben.[53] Mit diesen kannst du weder die Mauern von Babylon, in die Alexander eindrang, noch die Wälle Karthagos oder Numantias, die von *einer* Hand[54] eingenommen wurden, noch das Kapitol oder die Burg vergleichen: An ihnen sind Spuren der Feinde. Das, was den Weisen schützt, ist sicher vor Feuer und Angriff, es

tuta sunt, nullum introitum praebent, excelsa, inexpugnabilia, diis aequa.

7 (1) Non est quod dicas, ita ut soles, hunc sapientem nostrum nusquam inveniri. Non fingimus istud humani ingenii vanum decus nec ingentem imaginem falsae rei concipimus, sed qualem conformamus exhibuimus, exhibebimus, raro forsitan magnisque aetatium intervallis unum; neque enim magna et excedentia solitum ac vulgarem modum crebro gignuntur. Ceterum hic ipse M. Cato, a cuius mentione haec disputatio processit, vereor ne supra nostrum exemplar sit.

(2) Denique validius debet esse quod laedit eo quod laeditur; non est autem fortior nequitia virtute; non potest ergo laedi sapiens. Iniuria in bonos nisi a malis non temptatur; bonis inter se pax est, mali tam bonis perniciosi quam inter se. Quodsi laedi nisi infirmior non potest, malus autem bono infirmior est, nec iniuria bonis nisi a dispari verenda est, iniuria in sapientem virum non cadit. Illud enim iam non es admonendus, neminem bonum esse nisi sapientem. (3) »Si iniuste«, inquit »Socrates damnatus est, iniuriam accepit.« Hoc loco intellegere nos oportet posse evenire ut faciat aliquis iniuriam mihi et ego non accipiam: tamquam si quis rem quam e villa mea subripuit in domo mea ponat, ille furtum fecerit, ego nihil perdiderim. (4) Pot-

hat keinen Eingang, es ragt in die Höhe, uneinnehmbar, den Göttern gleich.[55]

7 (1) Du hast keinen Grund, wie es deine Gewohnheit ist die Behauptung aufzustellen, dieser unser Weiser sei nirgends zu finden.[56] Wir erfinden ihn nicht als eitles Glanzstück menschlichen Geistes, noch entwerfen wir ein großartiges Bild eines Phantoms, sondern so, wie wir ihn darstellen, haben wir ihn auch präsentiert und werden ihn präsentieren, vielleicht selten, *einen* nur in großem zeitlichem Abstand (denn Großes und das gewohnte und gewöhnliche Maß Übersteigendes entsteht nicht oft); im Übrigen fürchte ich, dass eben dieser M. Cato, mit dessen Erwähnung unser Disput seinen Ausgang genommen hat, unser Musterbeispiel noch übertrifft.

(2) Das, was verletzt, muss schließlich stärker sein als das, was verletzt wird; Schlechtigkeit ist aber nicht stärker als die Tugend; also kann der Weise nicht verletzt werden. Unrecht gegen Gute wagen nur Schlechte; unter Guten herrscht Frieden, Schlechte sind für Gute so verderblich wie für ihresgleichen. Wenn nun nur der Schwächere verletzt werden kann, der Schlechte aber schwächer als der Gute ist und Unrecht die Guten nur von Ungleichartigen fürchten müssen, dann trifft den Weisen kein Unrecht. Denn daran, dass nur der Weise gut ist,[57] muss man dich ja nicht mehr erinnern. (3) »Wenn Sokrates zu Unrecht verurteilt worden ist«, wie du sagst, »so hat er Unrecht erlitten.« An dieser Stelle müssen wir erkennen, dass es vorkommen kann, dass mir jemand Unrecht tut und ich es nicht erleide: wie wenn jemand etwas aus meinem Landhaus wegnimmt und in mein Stadthaus legt, dieser einen Diebstahl begangen hat, ich aber nichts verloren habe.[58] (4) Jemand kann ein

est aliquis nocens fieri, quamvis non nocuerit. Si quis cum uxore sua tamquam cum aliena concumbat, adulter erit, quamvis illa adultera non sit. Aliquis mihi venenum dedit, sed vim suam remixtum cibo perdidit: venenum ille dando scelere se obligavit, etiam si non nocuit. Non minus latro est cuius telum opposita veste elusum est. Omnia scelera etiam ante effectum operis, quantum culpae satis est, perfecta sunt. (5) Quaedam eius condicionis sunt et hac vice copulantur ut alterum sine altero esse possit, alterum sine altero non possit. Quod dico conabor facere manifestum. Possum pedes movere, ut non curram: currere non possum ut pedes non moveam; possum, quamvis in aqua sim, non natare: si nato, non possum in aqua non esse. (6) Ex hac sorte et hoc est de quo agitur: si iniuriam accepi, necesse est factam esse; si est facta, non est necesse accepisse me. Multa enim incidere possunt quae submoveant iniuriam: ut intentatam manum deicere aliquis casus potest et emissa tela declinare, ita iniurias qualescumque potest aliqua res repellere et in medio intercipere, ut et factae sint nec acceptae.

8 (1) Praeterea iustitia nihil iniustum pati potest, quia non coeunt contraria; iniuria autem non potest fieri nisi iniuste; ergo sapienti iniuria non potest fieri. Nec est quod

Übeltäter werden, obwohl er kein Übel getan hat. Wenn jemand mit seiner eigenen Frau wie mit einer fremden schläft, ist er ein Ehebrecher, obwohl sie keine Ehebrecherin ist. Jemand verabreichte mir Gift, aber dieses verlor, da es dem Essen beigemischt wurde, seine Wirkung: Durch die Verabreichung von Gift hat er sich eines Verbrechens schuldig gemacht, obwohl er keinen Schaden zufügte.[59] Nicht weniger ist derjenige ein Mörder, dessen Waffe durch das schützende Gewand (des Opfers) sein Ziel nicht traf. Alle Verbrechen sind auch vor ihrer Wirkung vollendet, sofern genug Schuld vorliegt. (5) Manche Dinge sind von solcher Beschaffenheit und von der Art, dass das eine ohne das andere sein kann, das andere ohne das eine aber nicht. Was ich damit meine, will ich versuchen zu veranschaulichen: Ich kann die Beine bewegen, ohne zu laufen, laufen kann ich nicht, ohne die Beine zu bewegen; ich muss, obwohl ich im Wasser bin, nicht schwimmen: Wenn ich schwimme, kann ich nicht nicht im Wasser sein. (6) Von solcher Art ist auch das, worum es hier geht: Wenn ich Unrecht erlitten habe, muss es getan worden sein; wenn es getan worden ist, muss ich es nicht erlitten haben. Vieles kann geschehen, was Unrecht fernhält: Wie irgendein Zufall eine ausgestreckte Hand wieder sich senken lassen kann und abgeschossene Waffen ablenken, so kann irgendeine Sache jedes beliebige Unrecht vereiteln und mitten im Vollzug unterbrechen, so dass es zwar zugefügt, nicht aber erlitten worden ist.

8 (1) Außerdem kann Gerechtigkeit nichts Unrechtes erleiden, weil Gegensätze sich nicht vereinigen;[60] Unrecht kann aber nur auf unrechte Art entstehen, einem Weisen kann also Unrecht nicht zustoßen. Daher brauchst du dich

mireris, si nemo illi potest iniuriam facere: ne prodesse quidem quisquam potest. Et sapienti nihil deest quod accipere possit loco muneris, et malus nihil potest dignum tribuere sapiente; habere enim prius debet quam dare, nihil autem habet quod ad se transferri sapiens gavisurus sit.

(2) Non potest ergo quisquam aut nocere sapienti aut prodesse, quoniam divina nec iuvari desiderant nec laedi possunt, sapiens autem vicinus proximusque dis consistit, excepta mortalitate similis deo. Ad illa nitens pergensque excelsa, ordinata, intrepida, aequali et concordi cursu fluentia, secura, benigna, bono publico nata, et sibi et aliis salutaria, nihil humile concupiscet, nihil flebit. (3) Qui rationi innixus per humanos casus divino incedit animo, non habet ubi accipiat iniuriam – ab homine me tantum dicere putas? ne a fortuna quidem, quae quotiens cum virtute congressa est, numquam par recessit. Si maximum illud ultra quod nihil habent iratae leges ac saevissimi domini ⟨quod⟩ minentur, in quo imperium suum fortuna consumit, aequo placidoque animo accipimus et scimus mortem malum non esse, ob hoc ne iniuriam quidem, multo facilius alia tolerabimus, damna et dolores, ignominias, locorum commuta-

nicht wundern, wenn jenem niemand Unrecht zufügen kann: Es kann ihm daher auch niemand nützen.[61] Einerseits fehlt dem Weisen nichts, was er als Geschenk annehmen könnte, auf der anderen Seite kann der Schlechte nichts schenken, was des Weisen würdig wäre; bevor man etwas gibt, muss man es haben, er (der Schlechte) hat aber nichts, was der Weise gerne bekommen würde.

(2) Man kann also einem Weisen weder schaden noch nützen, da Göttliches weder sich danach sehnt, unterstützt zu werden, noch verletzt werden kann, der Weise aber in nächster Nähe zu den Göttern steht, von seiner Sterblichkeit abgesehen Gott ähnlich.[62] Dorthin strebt er, dorthin will er vordringen, ans Erhabene,[63] Geordnete, Unerschütterliche, gleichmäßig und harmonisch Dahinfließende,[64] Sichere, Gütige, für das Gemeinwohl[65] Entstandene, für sich wie für andere Heilsame; nichts Irdisches wird er begehren, nichts beklagen. (3) Wer auf Vernunft gestützt mit gotterfülltem Geist die Wechselfälle[66] seines Menschenlebens meistert, lässt keinen Platz für Unrecht – glaubst du, dass ich nur von einem durch den Menschen zugefügten Unrecht spreche? Nicht einmal für ein vom Schicksal zugefügtes, das, sooft es mit der Tugend zusammengestoßen ist, nicht gleich stark geblieben ist, lässt er Platz. Wenn wir jenes Äußerste, über das hinaus nicht zornige Gesetze und nicht grausame Herren noch etwas Bedrohliches haben, jenes Äußerste, worin sich die Macht des Schicksals erschöpft, gleichmütig[67] und gelassen hinnehmen, und wenn wir uns bewusst sind, dass der Tod kein Übel[68] und deswegen nicht einmal ein Unrecht ist, werden wir um vieles leichter alles andere ertragen, Verluste und Schmerzen, Herabsetzung,[69] Wohnsitzwechsel, das Sterben von Kin-

tiones, orbitates, discidia, quae sapientem, etiam si universa circumveniant, non mergunt, nedum ut ad singulorum inpulsus maereat. Et si fortunae iniurias moderate fert, quanto magis hominum potentium, quos scit fortunae manus esse!

9 (1) Omnia itaque sic patitur ut hiemis rigorem et intemperantiam caeli, ut fervores morbosque et cetera forte accidentia, nec de quoquam tam bene iudicat ut illum quicquam putet consilio fecisse, quod in uno sapiente est. Aliorum omnium non consilia, sed fraudes et insidiae et motus animorum inconditi sunt, quos casibus adnumerat; omne autem fortuitum circa nos saevit et in vilia.

(2) Illud quoque cogita, iniuriarum latissime patere materiam ⟨in⟩ illis per quae periculum nobis quaesitum est, ut accusatore summisso aut criminatione falsa aut inritatis in nos potentiorum odiis quaeque alia inter togatos latrocinia sunt. Est et illa iniuria frequens, si lucrum alicui excussum est aut praemium diu captatum, si magno labore adfectata hereditas aversa est et quaestuosae domus gratia erepta: haec effugit sapiens, qui nescit nec in spem nec in metum vivere. (3) Adice nunc quod iniuriam nemo inmota mente accipit, sed ad sensum eius perturbatur, caret autem pertur-

dern[70] und Scheidungen, was, wenn ihn alles zusammen trifft, einen Weisen nicht niederwerfen kann, geschweige denn, dass er eine Träne vergießt, wenn ihm ein einziges davon zustößt. Und wenn er die Ungerechtigkeiten des Schicksals angemessen erträgt[71], um wie viel eher dann die mächtiger Menschen, von denen er weiß, dass sie Handlanger des Schicksals sind!

9 (1) Daher erduldet er alles so wie die Kälte des Winters und die Launen des Wetters, wie Hitze, Krankheiten und was einen sonst noch durch Zufall so treffen kann, und über niemanden urteilt er so günstig, dass er ihm zutraut, mit Überlegung gehandelt zu haben, was nur dem Weisen gegeben ist. Alle anderen haben keine Überlegungen, sondern Falschheit, Hinterhältigkeit, wirre Gefühlsausbrüche; all das schreibt er dem Zufall zu. Alles Zufällige wütet rund um uns herum[72] lediglich gegen Belangloses.

(2) Bedenke auch, dass reichhaltiger Stoff für Ungerechtigkeiten dort bereitsteht, wo man uns in Gefahren bringen will, etwa durch einen angestifteten Ankläger, eine falsche Anschuldigung oder dadurch, dass man den Hass mächtiger Leute gegen uns schürt, oder was es sonst noch an Verbrechen unter römischen Bürgern[73] gibt. Auch dass einem ein Gewinn entrissen wird oder eine Belohnung, auf die man es schon lange abgesehen hatte, ferner dass einem eine Erbschaft, auf die man mit größtem Einsatz hingearbeitet hat, vermasselt worden ist und die Gunst eines einträglichen Hauses entzogen wird, sind häufige Ungerechtigkeiten. Das meidet der Weise, dem ein der Hoffnung oder der Furcht ergebenes Leben fremd ist. (3) Dazu kommt, dass Unrecht niemand ungerührt hinnimmt, sondern jeder, wenn er es merkt, sich aufregt; frei von Aufregung[74] ist

batione vir ereptus erroribus, moderator sui, altae quietis et placidae. Nam si tangit illum iniuria, et movet et impellit; caret autem ira sapiens, quam excitat iniuriae species, nec aliter careret ira nisi et iniuria, quam scit sibi non posse fieri. Inde tam erectus laetusque est, inde continuo gaudio elatus; adeo autem ad offensiones rerum hominumque non contrahitur ut ipsa illi iniuria usui sit, per quam experimentum sui capit et virtutem temptat.

(4) Faveamus, obsecro vos, huic proposito aequisque et animis et auribus adsimus, dum sapiens iniuriae excipitur. Nec quicquam ideo petulantiae vestrae aut rapacissimis cupiditatibus aut caecae temeritati superbiaeque detrahitur: salvis vitiis vestris haec sapienti libertas quaeritur. Non ut vobis facere non liceat iniuriam agimus, sed ut ille omnes iniurias in altum demittat patientiaque se ac magnitudine animi defendat. (5) Sic in certaminibus sacris plerique vicerunt caedentium manus obstinata patientia fatigando: ex hoc puta genere sapientem, eorum qui exercitatione longa ac fideli robur perpetiendi lassandique omnem inimicam vim consecuti sunt.

10 (1) Quoniam priorem partem percucurrimus, ad alteram transeamus, qua quibusdam propriis, plerisque vero communibus, contumeliam refutabimus. Est minor iniu-

aber ein Mann, der in friedlicher Gelassenheit und aller Irrtümer enthoben sich selbst im Griff hat. Denn wenn Unrecht ihn trifft, so bewegt und bedrängt es ihn; der Weise ist aber frei von Zorn, den schon der Anschein des Unrechts entfacht, und er wäre nicht frei von Zorn, wenn er nicht auch frei wäre von Unrecht, von dem er weiß, dass es ihm nicht widerfahren kann. Daher ist er so frohen Mutes, so guter Laune und von beständiger Freude getragen; von Sachen oder Menschen ausgelöste Widerwärtigkeiten machen ihn so wenig beklommen[75], dass selbst Unrecht ihm nützt, das er zur Selbsterfahrung und Charakterübung gebraucht.

(4) Lasst uns, ich beschwöre euch, dieser Einstellung treu bleiben und sie mit unvoreingenommenem Herzen und unbefangenen Ohren fördern, wenn der Weise vom Unrecht ausgenommen wird. Deshalb wird eurer Frechheit, euren heftigsten Begierden, eurer blinden Verwegenheit und Arroganz nichts weggenommen: Unbeschadet eurer Laster erwirbt der Weise diese Freiheit. Unser Ziel ist es nicht, dass ihr kein Unrecht tun dürft, sondern dass jener alles Unrecht unvergolten lässt und sich mit Geduld und Seelengröße verteidigt. (5) So haben in heiligen Wettkämpfen[76] die meisten dadurch den Sieg davongetragen, dass sie die Arme des Angreifers durch hartnäckige Geduld ermüdeten: Als einen von der Art derer, die durch lange verlässliche Übung die Kraft sich erworben haben, jede feindliche Gewalt zu ertragen und erlahmen zu lassen, stelle dir einen Weisen vor.

10 (1) Da wir den ersten Teil abgehandelt haben, wollen wir zum zweiten übergehen, in dem wir mit einigen speziellen, großenteils aber mit allgemeinen Argumenten[77] die

ria, quam queri magis quam exequi possumus, quam leges quoque nulla dignam vindicta putaverunt. (2) Hunc adfectum movet humilitas animi contrahentis se ob dictum factum inhonorificum: »ille me hodie non admisit, cum alios admitteret«, et »sermonem meum aut superbe aversatus est aut palam risit«, et »non in medio me lecto sed in imo conlocavit«, et alia huius notae, quae quid vocem nisi querellas nausiantis animi? In quae fere delicati et felices incidunt; non vacat enim haec notare cui peiora instant. (3) Nimio otio ingenia natura infirma et muliebria et inopia verae iniuriae lascivientia his commoventur, quorum pars maior constat vitio interpretantis. Itaque nec prudentiae quicquam in se esse nec fiduciae ostendit qui contumelia adficitur; non dubie enim contemptum se iudicat, et hic morsus non sine quadam humilitate animi evenit supprimentis se ac descendentis. Sapiens autem a nullo contemnitur, magnitudinem suam novit nullique tantum de se licere renuntiat sibi et omnis has, quas non miserias animorum sed molestias dixerim, non vincit sed ne sentit quidem.

(4) Alia sunt quae sapientem feriunt, etiam si non pervertunt, ut dolor corporis et debilitas aut amicorum libero-

Beleidigungen[78] widerlegen werden. Sie (die Beleidigung) ist ein kleineres Unrecht, das wir eher beklagen als bestrafen können; auch die Gesetze haben sie als nicht strafwürdig erachtet. (2) Dieses Gefühl verspüren niedrige Geister, die bei jeder entehrenden Äußerung oder Tat zusammenzucken[79]: »Dieser hat mich heute nicht empfangen,[80] andere aber sehr wohl!« und: »Er hat sich mitten im Gespräch hochmütig von mir abgewandt oder sich in aller Öffentlichkeit über mich lustig gemacht!«, ferner: »Nicht an der Mitte der Tafel, sondern ganz an den Rand hat er mich hingesetzt!« und anderes dieser Art – ich kann das nur als Gejammer empfindlicher Seelen bezeichnen. Darauf verfallen Zartbesaitete und Günstlinge des Glücks; wem wirklich Schlimmes bevorsteht, der hat für solcherlei Bemerkungen keine Zeit. (3) Wenn sie zu wenig zu tun haben, lassen sich von Geburt an schwache und weibische[81] Naturen, durch das Fehlen wirklichen Unrechts übermütig geworden, durch solche Dinge in Unruhe versetzen, die zum Großteil falsch eingeschätzt werden.[82] Daher lässt derjenige, der von einer Beleidigung getroffen wird, sowohl Verstand als auch Selbstvertrauen vermissen. Zweifellos fühlt er sich verachtet, und dieser Stich[83] geht einher mit der Kleinmütigkeit[84] einer sich erniedrigenden verzagten Seele. Der Weise lässt sich von keinem herabsetzen; er weiß um seine Größe und macht sich bewusst, dass sich solches ihm gegenüber keiner erlauben könne, und all diese seelischen – ich möchte nicht sagen: Schmerzen, sondern: Verdrießlichkeiten – besiegt er nicht, nein, er merkt sie gar nicht mal.

(4) Anders liegen die Dinge, die den Weisen zwar treffen, aber nicht zur Strecke bringen, wie körperlicher Schmerz und Hinfälligkeit, Verlust von Freunden und Kindern so-

rumque amissio et patriae bello flagrantis calamitas: haec non nego sentire sapientem; nec enim lapidis illi duritiam ferrive adserimus. Nulla virtus est quae non sentiat se perpeti. Quid ergo est? quosdam ictus recipit, sed receptos evincit et sanat et comprimit, haec vero minora ne sentit quidem nec adversus ea solita illa virtute utitur dura tolerandi, sed aut non adnotat aut digna risu putat.

11 (1) Praeterea cum magnam partem contumeliarum superbi insolentesque faciant et male felicitatem ferentes, habet quo istum adfectum inflatum respuat, pulcherrimam virtutem omnium [animi], magnanimitatem: illa quicquid eiusmodi est transcurrit ut vanas species somniorum visusque nocturnos nihil habentis solidi atque veri. (2) Simul illud cogitat, omnes inferiores esse quam ut illis audacia sit tanto excelsiora despicere. Contumelia a contemptu dicta est, quia nemo nisi quem contempsit tali iniuria notat; nemo autem maiorem melioremque contemnit, etiam si facit aliquid quod contemnentes solent. Nam et pueri os parentium feriunt et crines matris turbavit laceravitque infans et sputo adspersit aut nudavit in conspectu suorum tegenda et verbis obscenioribus non pepercit, et nihil horum contu-

wie das Unglück seiner im Krieg eingeäscherten Heimat:[85] Das, ich leugne es nicht, geht auch dem Weisen nahe;[86] wir wollen ihm ja nicht nachsagen, er sei hart wie ein Stein oder wie Eisen;[87] zu ertragen, was man nicht spürt, ist noch nicht tugendhaft. Was nun also? Einige Schläge muss er hinnehmen, aber er nimmt sie hin und überwindet sie, heilt die Wunden und lässt sie vernarben, diese Lappalien aber spürt er nicht einmal und spielt ihnen gegenüber nicht seine gewohnte Fähigkeit aus, Schweres auszuhalten, sondern entweder nimmt er keine Notiz davon oder er quittiert es mit einem Lächeln.

11 (1) Da außerdem die meisten Beleidigungen von arroganten und unverschämten Personen und solchen, die ihr Glück nicht verkraften können, ausgehen, verfügt er (der Weise) über etwas, womit er eine Anwandlung der Aufgeblasenheit zurückweisen kann, über die schönste aller Tugenden nämlich: über Seelengröße. Sie übergeht alles Derartige wie nichtige Traumgesichte und Gestalten der Nacht ohne realen Kern. (2) Zugleich ist sie der Ansicht, dass alle zu tief unten stehen, als dass sie die Dreistigkeit aufbringen könnten, auf so viel Höheres hinabzuschauen. *Contumelia* (»Beleidigung«) kommt von *contemptus* (»Verachtung«),[88] weil niemand jemandem ein solches Unrecht antut, außer er verachtet ihn; niemand aber verachtet einen Höhergestellten und Besseren, auch wenn er etwas tut, was gewöhnlich diejenigen tun, die verachten. Denn auch Kinder schlagen den Eltern ins Gesicht und ein kleiner Sprössling zerzaust[89] die Frisur der Mutter und zieht sie an den Haaren, besabbert sie oder entblößt vor den Augen der Ihren das, was bedeckt werden sollte,[90] und spart auch nicht mit schmutzigen Ausdrücken, aber nichts davon

meliam dicimus. Quare? quia qui facit contemnere non potest. (3) Eadem causa est cur nos mancipiorum nostrorum urbanitas in dominos contumeliosa delectet, quorum audacia ita demum sibi in convivas ius facit, si coepit a domino; et ut quisque contemptissimus [et ut ludibrium] est, ita solutissimae linguae est. Pueros quidam in hoc mercantur procaces et illorum inpudentiam acuunt ac sub magistro habent, qui probra meditate effundant, nec has contumelias vocamus, sed argutias: quanta autem dementia est isdem modo delectari, modo offendi, et rem ab amico dictam maledictum vocare, a servulo ioculare convicium!

12 (1) Quem animum nos adversus pueros habemus, hunc sapiens adversus omnes quibus etiam post iuventam canosque puerilitas est. An quicquam isti profecerunt quibus puerilis animi mala sunt auctique in maius errores, qui a pueris magnitudine tantum formaque corporum differunt, ceterum non minus vagi incertique, voluptatium sine dilectu adpetentes, trepidi et non ingenio sed formidine quieti? (2) Non ideo quicquam inter illos puerosque interesse quis dixerit quod illis talorum nucumve et aeris minuti avaritia est, his auri argentique et urbium, quod illi inter

nennen wir Beleidigung. Warum? Weil der, der solches tut, nicht verachten kann.[91] (3) Deshalb ergötzt uns auch ein ziemlich beleidigender Witz unserer Sklaven über ihre Herren, und ihre Frechheit kann sich dieses Recht auch gegenüber Gästen herausnehmen, wenn sie beim Herrn beginnt; je unbedeutender jemand schließlich ist [und je mehr er sich zum Gespött macht][92], desto loser ist seine Zunge. Zu diesem Zweck kaufen sich manche sogar freche Knaben, heizen ihre Unverschämtheit noch an und lassen sie noch von einem Lehrer instruieren, damit sie absichtlich ja nur Schändliches von sich geben, und das nennen wir aber nicht Beleidigungen, sondern Pfiffigkeiten. Was ist das jedoch nun für ein Riesenschwachsinn, von ein und derselben Sache einmal ergötzt, ein andermal beleidigt zu sein und sie, wenn sie von Fremden kommt, Beleidigung, vom Sklavenbürschchen aber neckische Stichelei zu nennen.

12 (1) Eben die Haltung, die wir gegenüber Kindern haben, die hat der Weise all denjenigen gegenüber, die auch nach ihrer Jugend, schon mit ergrautem Haupt, ihr kindisches Benehmen nicht abgelegt haben. Oder haben diejenigen sich etwas weiterentwickelt, die ihre geistigen Mängel immer noch haben und deren geistige Verirrungen zugenommen haben, die sich von Knaben nur durch Größe und Gestalt ihres Körpers unterscheiden, sonst aber nicht weniger orientierungslos und unbeständig sind, versessen auf wahllose Vergnügungen, furchtsam und friedlich nur aus Angst, nicht aus Überlegung? (2) Man kann nämlich wohl nicht sagen, dass deswegen zwischen ihnen und Kindern ein Unterschied besteht, weil Letztere auf Würfel, Nüsse[93] und kleine Münzen versessen sind, Erstere aber auf Gold,

ipsos magistratus gerunt et praetextam fascesque ac tribunal imitantur, hi eadem in campo foroque et in curia serio ludunt, illi in litoribus harenae congestu simulacra domuum excitant, hi ut magnum aliquid agentes in lapidibus ac parietibus et tectis moliendis occupati tutelae corporum inventa in periculum verterunt. Ergo par pueris longiusque progressis, sed in alia maioraque error est. (3) Non inmerito itaque horum contumelias sapiens ut iocos accipit, et aliquando illos tamquam pueros malo poenaque admonet [adficit], non quia accepit iniuriam, sed quia fecerunt, et ut desinant facere; sic enim et pecora verbere domantur, nec irascimur illis, cum sessorem recusaverunt, sed compescimus, ut dolor contumaciam vincat. Ergo et illud solutum scies quod nobis opponitur: »quare, si non accepit iniuriam sapiens nec contumeliam, punit eos qui fecerunt?« Non enim se ulciscitur, sed illos emendat.

13 (1) Quid est autem quare hanc animi firmitatem non credas in virum sapientem cadere, cum tibi in aliis idem notare sed non ex eadem causa liceat? Quis enim phrenetico medicus irascitur? Quis febricitantis et a frigida prohibiti

Silber und ganze Städte[94], weil Kinder untereinander im Spiel in die Rolle von Beamten schlüpfen[95] und Amtstracht, Rutenbündel und Gerichtsverhandlung nachmachen, jene aber dasselbe Spiel auf dem Marsfeld, dem Forum und in der Kurie ganz im Ernst betreiben[96]; ferner (kann man nicht sagen, dass sie sich unterscheiden,) weil die Kinder an den Stränden[97] mit dem angehäuften Sand einen Hausbau nachstellen, jene aber, so als vollbrächten sie was Großes, damit beschäftigt sind, sich mit Steinen, Wänden und Dächern abzumühen und das, was zum Schutz von Körpern erfunden wurde, in Gefahren verwandeln.[98] Knaben irren also ebenso wie die im vorgerückten Alter, Letztere aber auf andere Weise und in höherem Maße. (3) Nicht zu Unrecht nimmt daher der Weise deren Beleidigungen wie Scherze[99] auf und stößt bisweilen wie gegen Kinder zur Strafe böse Ermahnungen aus, nicht weil er Unrecht erlitten hat, sondern weil sie es zufügten und damit sie damit aufhören. So werden auch Tiere durch Schläge gezähmt, und wir sind nicht zornig auf sie, wenn sie sich gegen den Reiter sträuben, sondern straffen die Zügel, damit der Schmerz ihre Widerborstigkeit bricht. Somit haben wir, wie du siehst, auch diesen Einwand entkräftet: Warum straft der Weise, wenn er kein Unrecht und keine Beleidigung erleidet, die Täter? Er nimmt nicht Rache an ihnen, sondern bessert sie.[100]

13 (1) Was aber nun ist der Grund dafür, dass du nicht glauben kannst, dass diese Seelenstärke bei einem weisen Mann vorhanden sei, obwohl du doch bei anderen dasselbe bemerken kannst, freilich nicht aus demselben Grund? Welcher Arzt zürnt denn einem psychisch Kranken?[101] Wer kann es denn einem Fiebernden, dem kaltes Wasser

maledicta in malam partem accipit? (2) Hunc adfectum adversus omnis habet sapiens quem adversus aegros suos medicus, quorum nec obscena, si remedio egent, contrectare nec reliquias et effusa intueri dedignatur nec per furorem saevientium excipere convicia. Scit sapiens omnis hos qui togati purpuratique incedunt, valentes colorati, male sanos esse, quos non aliter videt quam aegros intemperantis. Itaque ne succenset quidem, si quid in morbo petulantius ausi sunt adversus medentem, et quo animo honores eorum nihilo aestimat, eodem parum honorifice facta. (3) Quemadmodum non placebit sibi, si illum mendicus coluerit, nec contumeliam iudicabit, si illi homo plebis ultimae salutanti mutuam salutationem non reddiderit, sic ne suspiciet quidem, si illum multi divites suspexerint – scit enim illos nihil a mendicis differre, immo miseriores esse; illi enim exiguo, hi multo egent – et rursus non tangetur, si illum rex Medorum Attalusve Asiae salutantem silentio ac vultu adroganti transierit. Scit statum eius non magis habere quicquam invidendum quam eius cui in magna familia cura optigit aegros insanosque compescere. (4) Num moleste feram, si mihi non reddiderit nomen aliquis ex his qui ad Castoris negotiantur nequam mancipia ementes vendentesque, quorum tabernae pessimorum servorum turba re-

vorenthalten wird, verübeln, wenn er Verwünschungen[102] ausstößt? (2) Der Weise hat gegenüber allen Menschen die Einstellung, die der Arzt gegenüber seinen Patienten hat: Er hält es nicht für mit seiner Würde unvereinbar, deren Schamteile zu untersuchen, wenn dort Heilung nottut, noch ihre festen und flüssigen Ausscheidungen zu begutachten noch sich von Tobsüchtigen Beschimpfungen anzuhören. Jeder Weise ist sich bewusst, dass alle, die in Toga und Purpur daherstolzieren, gesund zurechtgeschminkt[103] sind, aber eigentlich ein wenig kränkeln, und er betrachtet sie als ausschweifende Kranke. Daher ist er nicht einmal aufgebracht, wenn sie sich gegenüber dem Therapeuten etwas aufmüpfig gerieren, und er nimmt ihre Ehrungen ebenso gleichgültig hin wie ihre ihn eigentlich recht entehrenden Handlungen. (3) Ebenso wenig, wie es ihm gefällt, wenn ein Bettler vor ihm den Hut zieht[104], und er es als Kränkung empfindet, wenn ein Mensch niedrigster Herkunft seinen Gruß nicht erwidert, (so wenig) fühlt er sich dann geschmeichelt, wenn viele Wohlhabende zu ihm aufschauen – er weiß nämlich, dass sich diese in nichts von Bettlern unterscheiden, ja dass sie sogar noch ärmer dran sind; ihnen fehlt nämlich viel, Bettlern nur wenig;[105] und andererseits wird es ihn auch nicht treffen, wenn der Perserkönig oder Attalos von Pergamon,[106] obwohl er grüßt, ohne ein Wort hochnäsig an ihm vorbeigeht. Er weiß, dass man deren Lage ebenso wenig beneiden muss wie die eines Menschen, dem in einem großen Haus die Aufgabe zufiel, Kranke und Verrückte zu bändigen.[107] (4) Soll ich etwa daran Anstoß nehmen, dass einer von den Händlern am Kastortempel, die nichtsnutziges Gesinde kaufen und verkaufen und deren Buden vollgestopft sind mit einer Menge

fertae sunt? Non, ut puto; quid enim is boni habet sub quo nemo nisi malus est? Ergo ut huius humanitatem inhumanitatemque neglegit, ita et regis: »habes sub te Parthos et Medos et Bactrianos, sed quos metu contines, sed propter quos remittere arcum tibi non contigit, sed hostes taeterrimos, sed venales, sed novum aucupantes dominum.« (5) Nullius ergo movebitur contumelia; omnes enim inter se differant, sapiens quidem pares illos ob aequalem stultitiam omnis putat. Nam si semel se demiserit eo ut aut iniuria moveatur aut contumelia, non poterit umquam esse securus, securitas autem proprium bonum sapientis est. Nec committet ut iudicando contumeliam sibi factam honorem habeat ei qui fecit; necesse est enim, a quo quisque contemni moleste ferat, suspici gaudeat.

14 (1) Tanta quosdam dementia tenet, ut sibi contumeliam fieri putent posse a muliere. Quid refert quam ⟨beatam⟩ habeant, quot lecticarios habentem, quam oneratas aures, quam laxam sellam? aeque inprudens animal est et, nisi scientia accessit ac multa eruditio, ferum, cupiditatium incontinens. Quidam se a cinerario inpulsos moleste ferunt

minderwertigster Sklaven, mir meinen Gruß nicht erwidert? Nein, ich glaube nicht; was hat er denn Gutes davon, dass nur Schlechte unter ihm stehen? Wie es (dem Weisen) bei diesen einerlei ist, ob sie höflich oder unhöflich sind, so ist es ihm auch bei einem König einerlei: »Du hast Parther, Meder und Baktrer[108] unter dir, aber (nur) solche, die du durch ihre Furcht zusammenhältst, solche, deretwegen den Bogen locker zu lassen[109] dir nicht vergönnt ist[110], Gesindel, das, dir feindlich gesinnt und käuflich,[111] gierig auf einen neuen Herrn lauert.« (5) Die Beleidigung keines Einzigen wird ihn daher aus der Ruhe bringen; denn mögen sich auch alle untereinander unterscheiden, der Weise hält sie alle für gleich, weil sie sich in ihrer Dummheit gleichen. Denn wenn er einmal so tief sinkt, sich von Unrecht und Beleidigung aufregen zu lassen, wird er nie mehr sicher sein können; Sicherheit[112] ist aber das eigentliche Gut des Weisen. Er wird es auch nicht zulassen, dass dadurch, dass er feststellt, er sei beleidigt worden, der Beleidiger ehrende Beachtung erfahre; denn der, über dessen Respektlosigkeit man sich ärgert, freut sich notwendigerweise darüber, dadurch beachtet zu werden.

14 (1) Bei manchen ist die Blödheit so groß, dass sie glauben, es sei möglich, von einer Frau beleidigt zu werden.[113] Ist es nicht völlig belanglos, für wie glücklich diese Leute eine Frau ansehen, als die Herrin über noch so viele Sänftenträger, die Ohren noch so schwer behangen, ihr Sessel noch so komfortabel?[114] Sie ist halt schon einmal ein Lebewesen ohne Verstand, wenn nicht Wissen und einiges an Erziehung dazukommt, wild und unbändig in ihren Begierden.[115] Manche sind ungehalten, wenn sie von ihrem Sklaven, der ihnen die Locken kräuselt, gestoßen werden; die

et contumeliam vocant ostiari difficultatem, nomenculatoris superbiam, cubiculari supercilium: o quantus risus inter ista tollendus est, quanta voluptate inplendus animus ex alienorum errorum tumultu contemplanti quietem suam! (2) »Quid ergo? sapiens non accedet ad fores quas durus ianitor obsidet?« Ille vero, si res necessaria vocabit, experietur et illum, quisquis erit, tamquam canem acrem obiecto cibo leniet nec indignabitur aliquid inpendere ut limen transeat, cogitans et in pontibus quibusdam pro transitu dari. Itaque illi quoque, quisquis erit qui hoc salutationum publicum exerceat, donabit: scit emi aere venalia. Ille pusilli animi est qui sibi placet quod ostiario libere respondit, quod virgam eius fregit, quod ad dominum accessit et petit corium; facit se adversarium qui contendit, et, ut vincat, par fuit.

(3) »At sapiens colapho percussus quid faciet?« Quod Cato, cum illi os percussum esset: non excanduit, non vindicavit iniuriam, ne remisit quidem, sed factam negavit; maiore animo non agnovit quam ignovisset. (4) Non diu in hoc haerebimus; quis enim nescit nihil ex his quae credun-

schlechte Laune des Pförtners, die Hochnäsigkeit des Nomenklators[116] oder die hochgezogene (Augen-)Braue[117] des Kammerdieners nennen sie schon eine Beleidigung: Wie sehr muss doch der Weise über solche Dinge lachen! Welch ein Wonnegefühl erfüllt sein Herz, wenn er im Wirrwarr[118] der Irrtümer der anderen seiner eigenen Ruhe gewahr wird! (2) »Was nun? Wird der Weise nicht an eine Tür kommen, die ein sturer Türsteher[119] bewacht?« Natürlich wird er, wenn eine dringliche Angelegenheit ihn ruft, diese Erfahrung machen und jenen, wer immer es sein mag, besänftigen wie einen scharfen Hund, dem man Futter hinwirft, und er wird es nicht für unter seiner Würde halten, für die Überschreitung der Schwelle etwas auszugeben, denn er denkt daran, dass man auch an manchen Brücken für den Übergang bezahlt. Daher wird auch er ihn, wer immer dieser Mann auch sei, der diese »Grußgebühr« erhebt, beschenken: Er weiß, er zahlt für Käufliches.[120] Kleingeistig ist der, der sich darin gefällt, dem Pförtner freimütig geantwortet zu haben, dessen Stab zerbrochen zu haben, zum Herrn vorgedrungen zu sein und für jenen die Peitsche gefordert zu haben; wer den Streit sucht, macht sich zum Widersacher, und wenn er auch siegt, so hat er sich doch auf dasselbe Niveau begeben.[121]

(3) »Aber wenn man dem Weisen einen Faustschlag verpasst, was wird er tun?« Dasselbe, was Cato tat, als man ihm ins Gesicht schlug: Er geriet nicht in Zorn, schlug nicht zurück, er ließ den Vorfall nicht einmal nur ungeahndet, sondern erklärte ihn für ungeschehen; großherziger also war er darin, etwas nicht zur Kenntnis zu nehmen, als darin, zu verzeihen.[122] (4) Wir wollen an diesem Punkt uns nicht weiter aufhalten; denn wer weiß denn nicht, dass der

tur mala aut bona ita videri sapienti ut omnibus? Non respicit quid homines turpe iudicent aut miserum, non it qua populus, sed ut sidera contrarium mundo iter intendunt, ita hic adversus opinionem omnium vadit.

15 (1) Desinite itaque dicere: »Non accipiet ergo sapiens iniuriam, si caedetur, si oculus illi eruetur? Non accipiet contumeliam, si obscenorum vocibus improbis per forum agetur? si in convivio regis recumbere infra mensam vescique cum servis ignominiosa officia sortitis iubebitur? si quid aliud ferre cogetur eorum quae excogitari pudori ingenuo molesta possunt?« (2) In quantumcumque ista vel numero vel magnitudine creverint, eiusdem naturae erunt: si non tangent illum parva, ne maiora quidem; si non tangent pauca, ne plura quidem. Sed ex inbecillitate vestra coniecturam capitis ingentis animi, et cum cogitastis quantum putetis vos pati posse, sapientis patientiae paulo ulteriorem terminum ponitis; at illum in aliis mundi finibus sua virtus conlocavit, nihil vobiscum commune habentem. (3) Quaere et aspera et quaecumque toleratu gravia sunt audituque et visu refugienda: non obruetur eorum coetu et qualis singulis, talis universis obsistet. Qui dicit illud tolerabile sapien-

Weise von dem, was als gut und böse gilt, nicht dieselbe Anschauung hat wie die Menge? Er kümmert sich nicht darum, was nach dem Urteil der Leute schändlich oder unglücklich ist, er bewegt sich nicht auf den Pfaden des Volkes, sondern so, wie die Gestirne die der Welt entgegengesetzte Bahn einschlagen,[123] so schreitet der Weise gegen die Richtung der Meinung aller.

15 (1) Hört daher auf zu sagen: »Erleidet[124] der Weise also kein Unrecht, wenn er geprügelt, wenn ihm ein Auge ausgeschlagen wird? Wird er nicht beleidigt, wenn er unter dem schändlichen Gebrüll des Pöbels übers Forum gejagt wird, wenn er beim Gastmahl eines Königs[125] ganz unten am Tisch Platz nehmen und mit Sklaven, welche für die entehrendsten Dienste vorgesehen sind,[126] essen muss? Oder wenn er gezwungen wird, irgendetwas anderes von den Dingen zu ertragen, die man sich als Widerwärtigkeiten für einen freien Mann mit Anstand nur ausdenken kann?« (2) Welches Ausmaß diese Dinge an Häufigkeit oder Intensität auch immer annehmen sollten, ihre Natur bleibt dieselbe:[127] Wenn ihn das Kleine nicht kümmert, dann auch nicht das Größere, wenn wenig nicht, dann auch nicht mehr. Aber ihr schließt von eurer Schwäche ausgehend auf einen bedeutenden Kopf, und nachdem ihr darüber nachgedacht habt, wie viel ihr selbst eurer Einschätzung nach ertragen könnt, setzt ihr die Grenze der Leidensfähigkeit des Weisen noch etwas höher an; aber ihn hat seine Vollkommenheit in andere Regionen des Universums gesetzt,[128] denn mit euch hat er nichts gemein. (3) Suche Hartes, alles, was schwer zu ertragen ist und man von Augen und Ohren fernhalten möchte: Auch wenn all diese Dinge zusammenkommen, wird er sich nicht vernichten lassen und so wie

ti, illud intolerabile, et animi magnitudinem intra certos fines tenet, male agit: vincit nos fortuna, nisi tota vincitur. (4) Ne putes istam Stoicam esse duritiam, Epicurus, quem vos patronum inertiae vestrae adsumitis putatisque mollia ac desidiosa praecipere et ad voluptates ducentia, »raro«, inquit »sapienti fortuna intervenit.« Quam paene emisit viri vocem! Vis tu fortius loqui et illam ex toto summovere! (5) Domus haec sapientis angusta, sine cultu, sine strepitu, sine apparatu, nullis adservatur ianitoribus turbam venali fastidio digerentibus, sed per hoc limen vacuum et ab ostiaris liberum fortuna non transit: scit non esse illic sibi locum ubi sui nihil est.

16 (1) Quodsi Epicurus quoque, qui corpori plurimum indulsit, adversus iniurias exsurgit, quid apud nos incredibile videri potest aut supra humanae naturae mensuram? Ille ait iniurias tolerabiles esse sapienti, nos iniurias non esse. (2) Nec enim est quod dicas hoc naturae repugnare: non negamus rem incommodam esse verberari et inpelli et aliquo membro carere, sed omnia ista negamus iniurias esse; non sensum illis doloris detrahimus, sed nomen iniuriae, quod non potest recipi virtute salva. Uter verius dicat videbimus: ad contemptum quidem iniuriae uterque consentit. Quae-

ihnen einzeln auch ihnen insgesamt Widerstand leisten. Wer sagt, dieses sei für den Weisen erträglich, jenes nicht, und wer seiner Seelengröße bestimmte Grenzen setzt, macht einen Fehler: Das Schicksal besiegt uns, wenn es nicht selbst zur Gänze besiegt wird. (4) Glaub doch nicht, das sei stoische Härte; Epikur, den ihr[129] zum Schutzherrn eurer Trägheit erhebt und der eurer Ansicht nach Bequemlichkeit und Müßiggang sowie alles, was zum Genuss führt, vorschreibt, sagt: »Selten stellt sich dem Weisen das Schicksal in den Weg!«[130] Da ist fast schon ein Wort eines Mannes aus ihm gekommen![131] Willst du dich mutiger äußern und jenes Schicksal überall entfernen? (5) Das Haus des Weisen ist eng, ohne Schmuck, ohne Lärm, ohne Prunk, es wird von keinen Türstehern bewacht, die den Besucherstrom mit käuflichem Hochmut ordnen,[132] aber das Schicksal kommt nicht durch diese offene und pförtnerlose Tür: Es weiß, dass es dort, wo nichts ist, was ihm gehört, keinen Platz hat.

16 (1) Wenn nun auch Epikur, der dem Körper besonders gewogen ist,[133] sich gegen Unrecht erhebt, was kann dann bei uns unglaublich oder das menschliche Maß übersteigend erscheinen? Jener sagt, Unrecht sei für den Weisen erträglich;[134] wir sagen, Unrecht gebe es nicht.[135] (2) Es gibt keinen Grund, zu sagen, das widerspreche der Natur: Wir stellen ja nicht in Abrede, dass es keine angenehme Sache ist, ausgepeitscht, herumgestoßen zu werden und auf ein Körperteil verzichten zu müssen, sondern behaupten, dass all das kein Unrecht ist; wir entziehen diesen Dingen nicht ihre schmerzhafte Wirkung, sondern die Bezeichnung Unrecht, denn dieses kann nicht erlitten werden, solange die Charakterfestigkeit ungebrochen ist. Wer

ris quid inter duos intersit? quod inter gladiatores fortissimos, quorum alter premit vulnus et stat in gradu, alter respiciens ad clamantem populum significat nihil esse et intercedi non patitur. (3) Non est quod putes magnum quo dissidemus: illud quo de agitur, quod unum ad vos pertinet, utraque exempla hortantur, contemnere iniurias et, quas iniuriarum umbras ac suspiciones dixerim, contumelias, ad quas despiciendas non sapiente opus est viro, sed tantum consipiente, qui sibi possit dicere: »utrum merito mihi ista accidunt an inmerito? Si merito, non est contumelia, iudicium est; si inmerito, illi qui iniusta facit erubescendum est.« (4) Et quid est illud quod contumelia dicitur? In capitis mei levitatem iocatus est et in oculorum valitudinem et in crurum gracilitatem et in staturam: quae contumelia est quod apparet audire? Coram uno aliquid dictum ridemus, coram pluribus indignamur, et eorum aliis libertatem non relinquimus quae ipsi in nos dicere adsuevimus; iocis temperatis delectamur, immodicis irascimur.

17 (1) Chrysippus ait quendam indignatum, quod illum

von beiden[136] wahrer spricht, werden wir sehen: Bei der Missachtung des Unrechts stimmen beide Seiten überein. Du fragst nach dem Unterschied zwischen ihnen? Es ist derselbe wie der zwischen zwei äußerst tapferen Gladiatoren, von denen der eine seine Wunde zusammendrückt[137] und seine (Kampf-)Haltung beibehält,[138] der andere zum brüllenden Volk blickt, ihm bekundet, das sei gar nichts, und nicht zulässt, dass man dazwischengehe. (3) Es gibt keinen Grund, das, worüber wir nicht übereinstimmen, für bedeutend zu halten:[139] Dazu, worum es geht und was als Einziges für uns von Belang ist, fordern beide Beispiele auf, nämlich Unrecht und das, was ich Schatten und Hirngespinste von Ungerechtigkeiten nennen möchte, nämlich Beleidigungen, gering zu achten; um diese zu verachten, muss man nicht einmal ein weiser Mann sein, nur einer mit Verstand, der zu sich sagen könnte: »Ist mir das verdientermaßen geschehen oder nicht? Entweder ist es dann keine Beleidigung, sondern ein Urteil, oder aber, wenn es unverdientermaßen geschehen ist, dann muss der vor Scham erröten, der das Unrecht tut.« (4) Und was ist nun das, was man Beleidigung nennt? Über meine Glatze, meine Sehschwäche, die Grazilität meiner Beine[140] und meine Statur hat man schon Witze gemacht: Was ist denn das für eine Beleidigung, wenn man zu hören bekommt, was offenkundig ist? Über das, was unter vier Augen gesagt wird, lachen wir; sind mehrere zugegen, dann sind wir empört, und anderen lassen wir nicht die Freiheit, (über uns) zu sagen, was wir selbst ständig über uns sagen; maßvolle Scherze ergötzen uns, maßlose bringen uns in Rage.

17 (1) Chrysipp berichtet, jemand sei empört gewesen,

aliquis vervecem marinum dixerat. In senatu flentem vidimus Fidum Cornelium, Nasonis Ovidii generum, cum illum Corbulo struthocamelum depilatum dixisset; adversus alia maledicta mores et vitam convulnerantia frontis illi firmitas constitit, adversus hoc tam absurdum lacrimae prociderunt: tanta animorum inbecillitas est, ubi ratio discessit. (2) Quid quod offendimur, si quis sermonem nostrum imitatur, si quis incessum, si quis vitium aliquod corporis aut linguae exprimit? quasi notiora illa fiant alio imitante quam nobis facientibus! Senectutem quidam inviti audiunt et canos et alia ad quae voto pervenitur; paupertatis maledictum quosdam perussit, quam sibi obiecit quisquis abscondit: itaque materia petulantibus et per contumeliam urbanis detrahitur, si ultro illam et prior occupes; nemo risum praebuit qui ex se cepit. (3) Vatinium, hominem natum et ad risum et ad odium, scurram fuisse et venustum ac dicacem memoriae proditum est. In pedes suos ipse plurima dicebat et in fauces concisas: sic inimicorum, quos plures habebat quam morbos, et in primis Ciceronis urbanitatem effugerat. Si hoc potuit ille duritia oris qui assiduis conviciis pudere dedidicerat, cur is non possit qui studiis liberalibus et sapientiae cultu ad aliquem profectum pervenerit?

weil ihn irgendjemand Meerhammel[141] genannt hatte. Im Senat sahen wir Fidus Cornelius, den Schwiegervater des Ovidius Naso, weinen, weil ihn Corbulo einen »gerupften Strauß«[142] genannt hatte. Bei anderen Frechheiten, die Charakter und Lebenswandel verunglimpfen, verzog er keine Miene, über eine solche Abwegigkeit vergoss er Tränen. Verliert man die Vernunft, ist es auch um die seelische Robustheit geschehen! (2) Was, wenn wir beleidigt sind, wenn jemand unsere Art zu reden imitiert, wenn jemand unseren Gang, einen körperlichen Makel oder Sprachfehler nachmacht?[143] Als ob das, wenn es ein anderer nachahmt, bekannter werden würde, als wenn wir es selbst tun! Wenn Leute über ihr Alter sowie ihre grauen Haare, aber auch über anderes, wozu man nur kommt, wenn man darum bittet,[144] sprechen, hören es manche mit Unwillen;[145] manche trifft der Vorwurf der Armut; wer diese verbirgt, macht sie sich selbst zum Vorwurf: Frechen und solchen, die durch Beleidigungen witzig sein wollen, nimmst du das Gesprächsthema weg, wenn du es von dir aus und vor ihnen für dich beanspruchst; niemand ist je verlacht worden, der über sich selber gelacht hat. (3) Vatinius, ein Mann, der für Gelächter und Hass auf die Welt gekommen ist,[146] war, so sagt man, ein Witzbold, geistreich und schlagfertig. Über seine Beine und seinen von Wunden gezeichneten Hals[147] hat er sich selbst gehörig ausgelassen: So war er dem Spott[148] seiner Feinde – davon hatte er noch mehr als Krankheiten –, vor allem aber dem Spott Ciceros entkommen. Wenn jener mit eisiger Miene das zustande brachte, er, der es sich durch den beständigen Spott abgewöhnt hatte, sich zu schämen, warum sollte es der nicht können, der durch höhere Bildung[149] und durch philosophische

(4) Adice quod genus ultionis est eripere ei qui fecit factae contumeliae voluptatem; solent dicere »o miserum me! puto, non intellexit«: adeo fructus contumeliae in sensu et indignatione patientis est. Deinde non deerit illi aliquando par; invenietur qui te quoque vindicet.

18 (1) C. Caesar inter cetera vitia quibus abundabat contumeliosus, mira libidine ferebatur omnis aliqua nota feriendi, ipse materia risus benignissima: tanta illi palloris insaniam testantis foeditas erat, tanta oculorum sub fronte anili latentium torvitas, tanta capitis destituti et emendicatis capillis adspersi deformitas; adice obsessam saetis cervicem et exilitatem crurum et enormitatem pedum. Inmensum est, si velim singula referre per quae in parentes avosque suos contumeliosus fuit, per quae in universos ordines: ea referam quae illum exitio dederunt.

(2) Asiaticum Valerium in primis amicis habebat, ferocem virum et vix aequo animo alienas contumelias laturum: huic in convivio, id est in contione, voce clarissima qualis in concubitu esset uxor eius obiecit. Di boni, hoc virum audire, principem scire, et usque eo licentiam per-

Beschäftigung doch ein wenig vorangekommen ist? (4) Dazu kommt, dass es eine Form der Rache ist, den Tätern die lustvolle Freude über die zugefügte Beleidigung zu nehmen. Dann sagen sie gewöhnlich: »Oje, ich glaube, er hat's nicht begriffen!« So sehr ist der Erfolg der Beleidigung mit dem Gefühl der Entrüstung seitens des Opfers verbunden. Ferner wird es einmal einen geben, der es jenem gleichtut; derjenige, der es dir heimzahlt, wird sich auch noch finden.[150]

18 (1) C. Caesar (Caligula) zeichnete – zu allen übrigen Lastern, von denen er jede Menge hatte, war er schmähsüchtig – die wundersame Begierde aus, jeden mit einer Ehrenkränkung zu versehen, und bot doch selbst ausgiebig Anlass zu Spott: So furchtbar war seine von Wahnsinn zeugende Blässe, so grimmig waren seine tief unter seiner Altweiberstirn liegenden Augen, so grässlich sein kahler, mit erbettelten Haaren[151] bestreuter Schädel; dazu kommen sein mit Borsten übersäter Nacken, die mageren Beinchen[152] und seine Riesenfüße. Es würde viel zu weit führen, wenn ich einzeln anführen wollte, wie er seine Eltern und Vorfahren, wie er alle Stände durch den Dreck zog – das, was seinen Untergang herbeiführte, will ich berichten.

(2) Valerius Asiaticus gehörte zu seinen engsten Freunden, ein unbeherrschter Mann, der es nicht leiden konnte, wenn ein anderer beleidigt wird: Und dem hielt er (Caligula) bei einem Gastmahl, das heißt vor dem versammelten Volk, mit lauter Stimme vor, wie sich dessen Ehefrau im Bett so mache. O ihr guten Götter! Das hörte ihr eigener Mann! Und so weit ging er in seiner Frechheit, dass er, der Kaiser, ich sage nicht: einem ehemaligen Konsul, ich

venisse ut, non dico consulari, non dico amico, sed tantum marito princeps et adulterium suum narret et fastidium! (3) Chaereae contra, tribuno militum, sermo non pro manu erat, languidus sono et, ni facta nosses, suspectior. Huic Gaius signum petenti modo Veneris, modo Priapi dabat, aliter atque aliter exprobrans armato mollitiam; haec ipse perlucidus, crepidatus, auratus. Coegit itaque illum uti ferro, ne saepius signum peteret: ille primus inter coniuratos manum sustulit, ille cervicem mediam uno ictu decidit; plurimum deinde undique publicas ac privatas iniurias ulciscentium gladiorum ingestum est, sed primus vir fuit qui minime visus est. (4) At idem Gaius omnia contumelias putabat, ut sunt ferendarum inpatientes faciendarum cupidissimi: iratus fuit Herennio Macro, quod illum Gaium salutaverat, nec inpune cessit primipilari quod Caligulam dixerat; hoc enim in castris natus et alumnus legionum vocari solebat, nullo nomine militibus familiarior umquam factus, sed iam Caligulam convicium et probrum iudicabat coturnatus. (5) Ergo hoc ipsum solacio erit, etiam si nostra

sage nicht: einem Freund, nein: dem Ehemann von seinem Ehebruch und von seinem dabei empfundenen Ekel erzählte! (3) Der Militärtribun Chaerea hingegen wusste seine Zunge nicht so zu gebrauchen wie seine Hände, war kraftlos[153] in der Stimme und einer, der zu allerlei Argwohn Anlass gegeben hätte, wenn nicht seine Taten bekannt gewesen wären. Diesen nannte Gaius (Caligula), wenn er um die Parole bat, bald Venus, bald Priapus und warf ihm, einem Mann der Waffen, auf unterschiedliche Weise vor, er sei schwul[154]; er selbst aber in durchsichtigem Gewand und in Sandalen, goldbehangen![155] So nötigte er ihn, zum Schwert zu greifen, um nicht noch öfter um die Parole bitten zu müssen. Es erhob jener auch als Erster unter den Verschwörern seine Hand gegen ihn und schlug mit einem einzigen Streich Caligulas Nacken in der Mitte entzwei; von allen Seiten drangen die Schwerter in ihn ein, zur Vergeltung für das Unrecht, das er im Privaten wie im öffentlichen Leben gesetzt hatte; der erste Mann darunter aber war der, der am wenigsten danach aussah. (4) Gaius (Caligula) hielt denn auch alles für eine Beleidigung, denn gerade die, die Beleidigungen am eifrigsten austeilen, können sie am wenigsten einstecken. Auf Herennius Macer war er zornig, weil dieser ihn als Gaius begrüßt hatte, und ein Proviantmeister kam nicht ungestraft davon, weil er ihn »Caligula« (»Stiefelchen«) genannt hatte; so wurde er als Kind des Lagers und Zögling der Armee gewöhnlich genannt;[156] mit einem anderen Namen kannten ihn die Soldaten eigentlich nicht, doch seit er den Kothurn (Schauspielerstiefel) trug, empfand er »Stiefelchen« als entehrendes Schimpfwort. (5) Nun wird uns das aber ein Trost sein: Auch wenn wir, umgänglich, wie wir sind, nicht nach

facilitas ultionem omiserit, futurum aliquem qui poenas exigat a procace et superbo et iniurioso, quae vitia numquam in uno homine et in una contumelia consumuntur.

(6) Respiciamus eorum exempla quorum laudamus patientiam, ut Socratis, qui comoediarum publicatos in se et spectatos sales in partem bonam accepit risitque non minus quam cum ab uxore Xanthippe inmunda aqua perfunderetur. Antistheni mater barbara et Thraessa obiciebatur: respondit et deorum matrem Idaeam esse.

19 (1) Non est in rixam conluctationemque veniendum. Procul auferendi pedes sunt et quicquid horum ab inprudentibus fiet (fieri autem nisi ab inprudentibus non potest) neglegendum et honores iniuriaeque vulgi in promiscuo habendae. (2) Nec his dolendum nec illis gaudendum; alioqui multa timore contumeliarum aut taedio necessaria omittemus publicisque et privatis officiis, aliquando etiam salutaribus, non occurremus, dum muliebris nos cura angit aliquid contra animum audiendi. Aliquando etiam obirati potentibus detegemus hunc adfectum intemperanti libertate. Non est autem libertas nihil pati, fallimur: libertas est animum superponere iniuriis et eum facere se ex quo solo

Rache sinnen, so wird es dennoch einen geben, der es dem Frechen, Hochmütigen und Ungerechten heimzahlt, denn das sind Charakterfehler, die sich nicht mit *einem* Menschen, nicht mit *einer* entehrenden Tat zufriedengeben.

(6) Lasst uns auf das Beispiel der Männer schauen, deren Toleranz wir preisen, wie das des Sokrates;[157] der hat die von der Komödie in die Öffentlichkeit gebrachten gegen ihn gerichteten Witze[158] mit Wohlgefallen aufgenommen und darüber nicht weniger gelacht, als wenn er von seiner Frau Xanthippe mit Abwaschwasser übergossen wurde. Dem Antisthenes wurde die ausländische Mutter vorgehalten: Darauf erwiderte er, auch die Göttermutter stamme vom Idagebirge.[159]

19 (1) Zu Streitereien und Tätlichkeiten sollte man es nicht kommen lassen. Von Weitem schon soll man da Reißaus nehmen, und was auch immer Derartiges durch Menschen ohne Verstand geschieht – denn nur von solchen Leuten geht es aus –, man achte nicht darauf; Ehrungen und Ungerechtigkeiten der Menge müssen gleich viel gelten. (2) Über das eine dürfen wir uns nicht grämen, nicht freuen über das andere;[160] sonst werden wir aus Furcht vor Beleidigungen oder aus Abneigung davor viel Notwendiges zu tun versäumen, öffentlichen und privaten Pflichten, auch bisweilen vorteilhaften,[161] nicht nachkommen, solange uns eine weibische Angst[162] quält, etwas zu hören, was uns nicht passt. Manchmal werden wir, aus Zorn über die Mächtigen, diese Haltung ungehemmt und frei auch offenlegen. Frei sein heißt ja nicht, nichts zu erdulden, da täuschen wir uns: Frei sein heißt, sich über Ungerechtigkeiten hinwegzusetzen und aus sich einen Menschen zu machen,

sibi gaudenda veniant, exteriora diducere a se, ne inquieta agenda sit vita omnium risus, omnium linguas timenti. Quis enim est qui non possit contumeliam facere, si quisquam potest? (3) Diverso autem remedio utetur sapiens adfectatorque sapientiae. Inperfectis enim et adhuc ad publicum se iudicium derigentibus hoc proponendum est, inter iniurias ipsos contumeliasque debere versari: omnia leviora accident expectantibus. Quo quisque honestior genere fama patrimonio est, hoc se fortius gerat, memor in prima acie altos ordines stare. Contumelias et verba probrosa et ignominias et cetera dehonestamenta velut clamorem hostium ferat et longinqua tela et saxa sine vulnere circa galeas crepitantia; iniurias vero ut vulnera, alia armis, alia pectori infixa, non deiectus, ne motus quidem gradu sustineat. Etiam si premeris et infesta vi urgeris, cedere tamen turpe est: adsignatum a natura locum tuere. Quaeris quis hic sit locus? viri. (4) Sapienti aliud auxilium est huic contrarium; vos enim rem geritis, illi parta victoria est. Ne repugnate vestro bono et hanc spem, dum ad verum pervenitis, alite

der Freude nur aus sich selbst gewinnt, alles Äußere von sich fernzuhalten, um nicht ein unruhiges Leben führen zu müssen, voll Furcht vor jedem Gelächter, jedem Gerücht. Wenn es auch nur einer kann, wen gibt es dann, der uns nicht beleidigen kann? (3) Ein anderes Hilfsmittel werden der Weise und derjenige, der sich dem Streben nach der Weisheit verschrieben hat, anwenden. Diejenigen, die darin nicht zur Vollendung gekommen sind und sich nach dem Urteil der Öffentlichkeit orientieren, müssen erkennen, dass sie sich selbst im Bereich von Ungerechtigkeiten und Beleidigungen bewegen: Alles trifft diejenigen weniger schwer, die darauf gefasst sind. Je angesehener jemand aufgrund von Abkunft, Ruf und Vermögen ist, umso tapferer soll er sich verhalten und nicht vergessen, dass in der vordersten Reihe die höchsten Ränge stehen. Beleidigungen, Schmähungen, Beschimpfungen und die übrigen Ehrenkränkungen lasse er über sich ergehen wie das Gejohle der Feinde, wie Geschosse und Steine, die, von Ferne geworfen, ohne zu verletzen, um die Helme prasseln; Ungerechtigkeiten aber halte er, ohne sich zu Fall oder auch nur aus seiner Stellung bringen zu lassen, stand wie Hieben, die teils den Waffen, teils der Brust beigebracht werden. Auch wenn du bestürmt wirst oder von feindlicher Gewalt bedrängt, schändlich wäre es, zu weichen: Halte den Posten, den dir die Natur zugewiesen hat. Du fragst, welcher Posten das sei? Der Posten eines Mannes. (4) Für den Weisen gibt es ein anderes Hilfsmittel, das diesem entgegengesetzt ist: Ihr seid mitten im Kampf, jener hat den Sieg schon errungen. Widersetzt euch nicht dem, was zu eurem Besten ist, und nährt die Hoffnung darauf in eurem Herzen, bis ihr zur Wahrheit gelangt seid, nehmt mit Freude das Bessere

in animis libentesque meliora excipite et opinione ac voto iuvate: esse aliquid invictum, esse aliquem in quem nihil fortuna possit, e re publica est generis humani [est].

an und fördert es mit zuversichtlichem Gebet: dass es etwas gibt, das unbesiegt ist, dass es einen gibt, dem das Schicksal nichts anhaben kann, das dient dem Wohl der menschlichen Gemeinschaft.[163]

Anhang

Zu dieser Ausgabe

Der lateinische Text folgt der Ausgabe von Reynolds ²1991. Die wenigen Abweichungen sind in den Anmerkungen verzeichnet. Diese versuchen v. a., durch philosophische und historische Erklärungen Verständnisschwierigkeiten aus dem Weg zu räumen und den Zugang zu diesem Schlüsseltext der stoischen Ethik zu erleichtern. Namen von Personen und Orten werden im Verzeichnis der Eigennamen erläutert.

Die dort gegebenen Informationen sollen das Textverständnis erleichtern – Erläuterungen beispielsweise zu Serenus, dem Gesprächspartner Senecas, fallen daher ausführlicher aus als die Texte über nur erwähnte Personen wie etwa Alexander den Großen. Weiterführend s. die einschlägigen Lexika. Bei römischen Namen werden Praenomina bzw. Cognomina nur dann aufgeführt, wenn sie auch im Text vorkommen.

Wer tiefer in die Philosophie der Stoa oder in das Werk Senecas eindringen will, dem sei v. a. der Kommentar Berno 2018 ans Herz gelegt; zu Tektonik und Aufbau unserer Schrift s. die Arbeiten K. Abels; beiden verdanken die Anmerkungen in diesem Buch sehr viel; für alle, die sich intensiver mit anderen Texten der Stoiker auseinandersetzen wollen, habe ich nicht selten auf Parallelstellen verwiesen (in der umfangreichen Sammlung, die vor über hundert Jahren H. von Arnim besorgt hat, oder in der schmaleren, aber leichter zugänglichen Textsammlung von Long/Sedley, die die Quellentexte in deutscher Übersetzung bietet).

Senecas Werke wurden wie folgt abgekürzt:
apocol.: *Divi Claudii apocolocyntosis*; benef.: *De beneficiis*; brev.: *De brevitate vitae*; clem.: *De clementia*; epist.: *Epistulae morales ad Lucilium*; Helv.: *Ad Helviam matrem de consolatione*; Herc. f.: *Hercules furens*; Marc.: *Ad Marciam de consolatione*; Med.: *Medea*; nat.: *Naturales quaestiones*; Phaedr.: *Phaedra*; Pol.: *Ad Polybium de consolatione*; prov.: *De providentia*; tranq.: *De tranquillitate animi*; vit. beat.: *De vita beata*.

Andere Autorennamen und Werktitel wurden wie folgt abgekürzt:

Alex. Aphr.	Alexander von Aphrodisias
App. civ.	Appian, *Bella civilia*
Aristot.	Aristoteles
eth. Nic.	*Ethica Nicomachea*
hist. an.	*Historia animalium*
metaph.	*Metaphysica*
rhet.	*Rhetorica*
Aur. Vict.	Aurelius Victor
Cass. Dio	Cassius Dio
Cic.	Cicero
Att.	*Epistulae ad Atticum*
Catil.	*In Catilinam*
de orat.	*De oratore*
fin.	*De finibus bonorum et malorum*
leg.	*De legibus*
nat.	*De natura deorum*
parad.	*Paradoxa Stoicorum*
Phil.	*In M. Antonium orationes Philippicae*
Sest.	*Pro P. Sestio*
Tusc.	*Tusculanae disputationes*
Vatin.	*In P. Vatinium testem interrogatio*
Curt.	Curtius Rufus, *Historiae Alexandri Magni*
Demosth. or.	Demosthenes, *Orationes*
Dig.	Corpus Iuris Civilis, *Digesta*
Diog. Laert.	Diogenes Laertios
Epik. ep. Men.	Epikur, *Epistula ad Menoeceum*
Epikt.	Epiktet
diatr.	*Dissertationes*
ench.	*Enchiridium*
Eur. Herc.	Euripides, *Hercules*
Gell.	Aulus Gellius, *Noctes Atticae*
Hdt.	Herodot
Hes. erg.	Hesiod, *Opera et dies*
Hom. Il.	Homer, *Ilias*

Hor.	Horaz
carm.	*Carmina*
epod.	*Epodi*
sat.	*Saturae* (*Sermones*)
Ios. ant. Iud.	Flavius Josephus, *Antiquitates Iudaicae*
Iuv.	Juvenal, *Saturae*
Liv.	Livius, *Ab urbe condita* (praef.: *praefatio*)
Lucr.	Lucrez, *De rerum natura*
Lukian. Iupp. conf.	Lukian, *Iuppiter confutatus*
Mart.	Martial
Ov.	Ovid
am.	*Amores*
ars	*Ars amatoria*
Petron.	Petron, *Satyrica*
Plat.	Platon
apol.	*Apologia*
Euthyd.	*Euthydemos*
Gorg.	*Gorgias*
leg.	*Leges* (*Nomoi*)
rep.	*Res publica* (*Politeia*)
symp.	*Symposion*
Tht.	*Theaitetos*
Tim.	*Timaios*
Plaut. merc.	Plautus, *Mercator*
Plin. nat.	Plinius, *Naturalis historia*
Plut. Cato Min.	Plutarch, *Cato Minor*
Quint. inst.	Quintilian, *Institutio oratoria*
Sall. Cat.	Sallust, *De coniuratione Catilinae*
Sen. Rhet. contr.	Seneca Rhetor, *Controversiae*
Stob. anth.	Stobaios, *Anthologium*
Suet.	Suetonius
Cal.	*Caligula*
Claud.	*Divus Claudius*
Nero	*Nero*
Tac.	Tacitus
ann.	*Annales*
hist.	*Historiae*

Ter. Hec.	Terenz, *Hecyra*
Val. Max.	Valerius Maximus, *Facta et dicta memorabilia* (praef.: *praefatio*)
Xen.	Xenophon
mem.	*Memorabilia*
symp.	*Symposion*
Zon.	Johannes Zonaras

Abkürzungen für Text-/Fragmentsammlungen

LS	Long/Sedley, *Die hellenistischen Philosophen* (s. S. 103)
SVF	Arnim, *Stoicorum veterum fragmenta* (s. S. 102)

Anmerkungen

1 Auch in epist. 95,21 meint Seneca, dass die Frau dazu geboren sei, um zu ertragen, der Mann aber, um zu handeln. Dabei hat schon die Alte Stoa der Frau die gleiche Veranlagung zur ethischen Tüchtigkeit (*aretê*) zuerkannt (vgl. SVF III,254). Bei Cicero (Tusc. 3,2) und Seneca selbst in epist. 90,1 finden sich ebenfalls entsprechende egalitäre »Grundsatzerklärungen«. Dass allerdings das ideale Lebensziel eines durch *sapientia* (»Weisheit«) erworbenen Zustands der Glückseligkeit auch für die Frau erreichbar sei, ist, wie die diluziden und sorgsam abwägenden Untersuchungen Harichs 1993 und Mauchs 1997 gezeigt haben, Senecas philosophischem Schrifttum nicht zu entnehmen; zur »prinzipiellen« ethischen Gleichheit der Geschlechter bei Seneca s. Mauch 1997, S. 13–17.

2 Zur Häufigkeit des letztlich auf Platon (leg. IV,720d–e) zurückgehenden Vergleiches der philosophischen Tätigkeit mit der Praxis des Arztes bei Seneca und zu seiner Selbstauffassung als »Seelenarzt« s. eingehend Dietsche 2014, S. 65–71.

3 Mit Weiblichkeit wird hingegen der Epikureismus assoziiert; vgl. 15,4; benef. 4,2,4; epist. 33,2; zur »Virilität« der stoischen Philosophie vgl. noch Cic. Tusc. 3,22 und Diog. Laert. 6,14; s. auch Mauch 1997, S. 26–29 und Berno 2018, S. 77 f.

4 Die Schicksalsüberlegenheit ist, wie Abel 1967, S. 132 herausgearbeitet hat, für die Gedankenführung zentral; vgl. 5,4–6. 8; 8,3; 9,4–5; 15,3–5; 19,2. 4. Das Bild des Weisen, der sich über das Schicksal erhebt, begegnet bei Seneca sehr häufig; vgl. epist. 41,2; 44,6; 63,1; 71,25; brev. 5,3; benef. 4,32,2; zum Herabblicken auf die Irrwege all jener, die sich der wahren Philosophie verschließen, vgl. Lucr. 2,7–13; zur Herausbildung und Bedeutung des stoischen Gedankens des *fortunae resistere* vgl. Busch 1961.

5 Vgl. Herc. f. 437: *non est ad astra mollis e terra via* (»nicht leicht ist der Weg von der Erde zu den Sternen«). Das Bild vom steilen Pfad der Tugend in der Literatur geht auf Hes. erg. 287–292 zurück; s. Becker 1937 und Billerbeck 1999, S. 352; die Parabel »Herkules am Scheideweg« handelt von dem griechischen Helden Herkules, der sich zwischen einem mühelosen, aber moralisch verwerflichen

und einem beschwerlichen, aber tugendhaften, langfristig beglückenden Lebensweg entscheiden muss; s. dazu Berno 2016a; die Stoiker haben den Sohn des Zeus und der Alkmene schon früh zu einem der Ihren gemacht; zu Herkules als Weisen, der durch seine Bedürfnislosigkeit und Beherrschung seiner Leidenschaften innere Freiheit erlangt, s. Billerbeck 1999, S. 28 f.; vgl. noch 6,8; 8,2; 9,3.

6 Abel 1967, S. 136 denkt bei dieser Stelle an die politischen Unruhen und Ausschreitungen im Kampf um das Ackergesetz im Jahr 59 v. Chr. (dazu vgl. auch epist. 14,13 und 79,14); davon abweichende Ansichten der Fachwelt diskutiert Berno 2018, S. 84–86 ausführlich.

7 Nimmt *nuper* (»neulich«) in 1,3 wieder auf.

8 Die Du-Anreden (vgl. etwa noch 3,1; 7,1; 15,4; 16,3) geben der Schrift eine persönliche Färbung, während die Ihr-Apostrophen (z. B. 3,1; 6,4; 9,4; 15,1. 2. 4; 16,3; 19,4) natürlich signalisieren, dass Serenus nicht der alleinige Adressat des Traktats ist; zum Wechsel der Wir-, Ihr- und Du-Anreden s. Abel 1967, S. 126–128.

9 Den Topos vom Verkäufer, der selbst verkauft wird, kennt die Rhetorik seit der berühmten Kranzrede des Demosthenes (or. 18,46).

10 Dieser dem Chrysipp zugeschriebene altstoische Grundsatz (*mḕ adikeísthai tòn sophón*, SVF III,579) ist das Thema der vorliegenden Schrift und wird in 2,3 und 3,5 wieder angesprochen. Zur Unterscheidung von *iniuria* (»Ungerechtigkeit«) und *contumelia* (»Beleidigung«) s. 5,1 und Anm. 32.

11 Zu Herkules und Odysseus als stoischen Weisen vgl. Kleanthes (SVF I,514) sowie Anm. 5 (zu Herkules); s. Grimal 1953, S. 37 f. z. St.

12 Ich lese mit Berno 2016b die Konjektur *ferarum* (statt *terrorum*).

13 Zur Junktur »Feuer und Schwert« im kriegerischen Kontext steuert Berno 2018, S. 90 die Belege Cic. Phil. 11,37; Liv. 3,68,2 und Curt. 3,4,3 bei.

14 Wer ist gemeint? Infrage kommen Atlas und Herkules: Himmelsträger sind beide; Seneca dürfte eher an Letzteren gedacht haben, zumindest erinnert die Stelle sprachlich an die Verse 71–73 aus

seiner Tragödie *Hercules furens*. Laut mythischer Überlieferung sollte Herkules für Eurystheus die goldenen Äpfel holen und bat Atlas, diese für ihn zu pflücken. Als Herkules ihm anbot, in der Zwischenzeit für ihn den Himmel zu halten, stimmte Atlas zu; bald kehrte er mit den Äpfeln zurück und erbot sich, sie Eurystheus persönlich abzuliefern, freilich in der Absicht, nie mehr zurückzukehren. Herkules ging nur zum Schein darauf ein und bat Atlas, den Himmel nur noch einmal einen Augenblick zu halten, bis er ein Polster auf sein Haupt gelegt habe. Einmal von der Bürde befreit, machte er sich aber mit den Äpfeln davon und ließ Atlas unter der Last des Himmels zurück.

15 Wie Berno 2018, S. 91 f. treffend beobachtet hat, ist der wahre Feind nicht in mythischen Monstren zu suchen, sondern in den Lastern und Ängsten der Menschen selbst – eine Erkenntnis, die den Epikureern und besonders Lukrez zu verdanken ist.

16 Auch Herkules und Odysseus hatten gegen Übel in vierlerlei Gestalt zu kämpfen.

17 Eine Anspielung auf das von Caesar, Pompeius und Crassus geschlossene Triumvirat; schon der altrömische Polyhistor Varro hatte diesen Dreibund *tricaranos* (»das dreiköpfige Ungeheuer«) genannt (fr. 556 Astbury [S. 92]), eigentlich eine Bezeichnung für den Höllenhund Kerberos nach Eur. Herc. 24 und 611; vgl. auch App. civ. 2,9; s. Veh/Will 1989, S. 451, Anm. 33 z. St.

18 Zum Bild des unter seiner Größe oder der Last der moralischen Degeneration seiner Bürger zusammenbrechenden Staates vgl. Liv. praef. 4 und Hor. epod. 16,2; s. auch André 1990, S. 197 f.

19 Dass der Weise allein gegen alle anderen steht, wird mit Stilpons Diktum in 6,1–3 wieder aufgenommen; vgl. zum Gedanken auch brev. 5,1; Cic. Catil. 1,11; s. Degl'Innocenti Pierini 2014, S. 167–173.

20 Ein typisches Gustostück senecanischer Stilkunst: ein in einen exakten Parallelismus gesetzter Chiasmus, das heißt eine spiegelbildliche Überkreuzstellung einander zugeordneter Wörter oder Wortgruppen; vgl. dieselbe Struktur in epist. 86,3.

21 Der bekannteste Vorwurf, den das Volk gegen Cato erhob, war der der Trunksucht; Seneca verteidigt ihn in tranq. 17,9: »Cato er-

heiterte beim Wein sein von der Sorge um den Staat gequältes Herz.«

22 Cato war bei seiner Bewerbung um die Prätur Vatinius unterlegen. Dabei war es zu den hier beschriebenen tätlichen Auseinandersetzungen gekommen; vgl. epist. 71,8–12; Helv. 13,5; Cic. nat. 3,11; Val. Max. 7,5,6; Petron. 119,45–49; Quint. inst. 9,22,5; Plut. Cat. Min. 42,6.

23 Ein zentrales Dogma des Stoizismus; vgl. SVF I,216; III,567–581.

24 Hier wird auf ein bekanntes stoisches Paradoxon angespielt: Nur der Weise ist reich, denn er allein verfügt über Güter (vgl. SVF III,593 und 598).

25 Ähnlich sind die Vorwürfe der stoischen »Sprachverdrehung« in ben. 2,35,2 (= SVF III,580); clem. 2,7,4; epist. 59,1 und Cic. fin. 4,74; leg. 1,13,38; s. auch Griffin 2013, S. 204 f. – Zu den Augenbrauen als Indikatoren der Arroganz vgl. Plin. nat. 11,138.

26 Also frei von vernunftwidrigen Affekten – von falscher Sorge um Indifferentes, das heißt um Dinge, die für das glückliche Leben nicht entscheidend sind; s. Anm. 42. Vgl. auch 19,2.

27 Ob diese langen Einwendungen, die Seneca dem Serenus in den Mund legt, wirklich auf seine »intime Kenntnis« von dessen Geistesverfassung zurückgehen, wie Abel 1967, S. 125 meint, sei dahingestellt.

28 Zum Gedanken, dass einige Menschen fast an die Götter heranreichen, vgl. auch prov. 6,6 und Cic. nat. 2,153.

29 Seneca verbindet hier zwei Passagen aus Herodots Geschichtswerk miteinander: Nach der ersten (Hdt. 5,105) ließ sich Dareios, der nach der Nachricht vom Abfall der kleinasiatischen Griechenstädte (Anfang 5. Jh. v. Chr.) sich erkundigte, wer denn die Athener seien, die ein solches Unternehmen unterstützten, seinen Bogen reichen; er schoss einen Pfeil gen Himmel und bat Zeus um die Möglichkeit, sich an den Athenern zu rächen; aber auch das berühmte Apophthegma klingt hier an, wonach die Spartaner, wenn die Pfeile der Perser bei den Thermopylen die Sonne verdeckten, im Schatten zu kämpfen bereit seien (Hdt. 7,226). Die zweite Passage (Hdt. 7,34–35): Während der Perserkönig Xerxes 480 v. Chr. mit seinem Heer von Sardes nach Abydos, einer Ha-

fenstadt am Hellespont, marschierte, wurden zwei Brücken von dort zum gegenüberliegenden Küstenvorsprung bei Sestos gebaut, die jedoch unmittelbar nach ihrer Fertigstellung von einem Sturm zerstört wurden. Xerxes war darüber so erzürnt, dass er befahl, den Hellespont mit 300 Peitschenhieben zu züchtigen, Fußfesseln im Meer zu versenken und den Aufsehern des Brückenbaus den Kopf abzuschlagen; Seneca nennt Xerxes als bekanntes Muster menschlicher Überheblichkeit, spielt aber darüber hinaus vielleicht noch an auf die Bestrebungen von Caligula (reg. 37–41) im Jahr 40 und drei Jahre später von Claudius (reg. 41–54), sich als »Bändiger des Ozeans« feiern zu lassen. Zur Rezeption Herodots bei Seneca vgl. Giacchero 1980; Setaioli 1988, S. 485–503; Citti 2015.

30 Nach Juvenal (13,153) stand das Einschmelzen von Jupiterstatuen in diesen Tagen an der Tagesordnung; vgl. auch Lukian. Iupp. conf. 8; Sueton sagt es gar Kaiser Nero selbst nach (Nero 32,4).

31 Der Pleonasmus *tuta securitas* (»sichere Sorglosigkeit«) beschreibt in anderen Worten das stoische Ideal der Apatheia, vollkommener Seelenruhe.

32 Der *iniuria*-Begriff wird schon in der republikanischen Jurisprudenz differenzierend verstanden: *Iniuria* ist nicht bloß objektiver Verstoß gegen das gesetzliche Verbot, sondern umfasst auch das Erfordernis des Verschuldens, das heißt der subjektiven Vorwerfbarkeit eines Verhaltens, das der Täter hätte vermeiden sollen und können. Während etwa schon in der Komödie *contumelia* oft neben *iniuria* verwendet wird (z. B. Plaut. merc. 29–30 und Ter. Hec. 470–471), unterscheidet Seneca hier die beiden Begriffe: Er will zeigen, dass der Weise weder *iniuria* (hier: »Unrecht«) noch eine *contumelia* (hier: »Beleidigung«) erleiden könne. Den ersten Teil der These beweist er, indem er den Begriff des Unrechts auf die Beeinträchtigung der äußeren Stellung des davon Betroffenen beschränkt und hervorhebt, dass der Weise nichts verlieren könne, da er alles in sich trage (5,4). Den zweiten Teil beweist er, indem er die Empörung über eine bloße *contumelia* als lächerlich hinstellt (5,1); zur Unterscheidung von *iniuria* und *contumelia* im juristischen Kontext vgl. Wittmann 1974, passim; zur

Abgrenzung vgl. Liebersohn 2005, S. 366–392 und Calboli 2020, S. 765 f.

33 *Delicatus* (auch »Schlemmer«, »genusssüchtig«) meint das schiere Gegenteil eines Stoikers.

34 Vgl. epist. 24,10; 110,8; de ira 2,11,6; Epikt. diatr. 2,1,15.

35 Der Gedanke geht auf einen Kernsatz sokratischer Ethik zurück, wonach niemand wissentlich schlecht handele; vgl. Plat. apol. 29d–30a; Gorg. 467c ff.; rep. II,382a; III,413a; IV,433e. 444a ff.; leg. V,731c; IX,860d–861a; Aristot. eth. Nic. VII,3,1145b 26–27.

36 Zu *turpitudo* als Gegenbegriff zu *virtus* (»Tugend«) und *honestum* (»das Ehrenhafte«) vgl. auch SVF III,156.

37 Vgl. zum Gedanken auch 3,3 und 15,3 sowie epist. 124,23; s. ferner Hor. sat. 2,7,83–88: »Wer ist denn frei? Der Weise doch, der sich selbst in der Hand hat, / Den weder Armut noch Tod noch Fesseln zu schrecken vermögen, / Nicht von seinen Begierden beherrscht, ein Verächter der Ehren, / Ganz in sich selbst geborgen und einer Kugel vergleichbar, / An deren glatter Rundung nichts, das von außen kommt, haftet, / Den vergebens bestürmt das machtlose Schicksal.«

38 Die Autarkie ist grundlegend sowohl für den kynischen als auch für den stoischen Weisen; vgl. Diog. Laert. 6,105; Helv. 5,4; Pol. 9,5; prov. 6,5; epist. 41,8; 59,18; 120,18.

39 Das heißt: nur bis auf Widerruf.

40 Fr. 151 Döring. Mit diesem Zitat ist auch dasjenige Thema des Philosophen Stilpon angesprochen, das sich aus den Quellen am ehesten klar herauslesen lässt (s. im Verzeichnis der Eigennamen). Dramatischer schildert epist. 9,18–19 den Wortwechsel zwischen Demetrios Poliorketes und Stilpon.

41 Wohl nicht im übertragenen Sinne gemeint, sondern tatsächlich »von höherer Stelle«; Grimal 1953, S. 55 und Berno 2018, S. 122 denken an eine Art Feldherrentribüne, wie man sie von Livius (vgl. etwa 2,28,6; 8,32,2; 30,15,11) kennt.

42 Die Stoiker unterscheiden insgesamt zwischen drei Klassen von Dingen: guten, schlechten und indifferenten. Gut ist nur die Tugend, das heißt ein vollkommen rationaler, von Wissen bestimmter Charakter. Schlecht ist nur das Gegenteil, also ein von Unwis-

sen, unbegründeten Meinungen und irrationalen Emotionen bestimmter Charakter. Alle anderen Dinge sind weder gut noch schlecht, sondern indifferent, wie etwa Gesundheit, Reichtum, gesellschaftliches Ansehen, das Wohl der Kinder und sogar das eigene Leben. Sie sind für das glückliche Leben nicht entscheidend, »denn man kann auch ohne diese glücklich sein« (Diog. Laert. 7,104); s. Schriefl 2019, S. 151.

43 *Manus iniectio* ist eigentlich der formale Akt der Inbesitznahme im römischen Sachenrecht; die Juristen sprechen von »Haftungszugriff« oder »Vollstreckungszugriff«; hier wird der Begriff metaphorisch gebraucht.

44 Der senecanische Begriff der *magnitudo animi* (vgl. 9,4; 11,1; 13,1; 14,3; 15,2–3), dessen Hauptkennzeichen das Bewusstsein der Schicksalsmächtigkeit ist (vgl. 15,3), entspricht genau dem Chrysipps (SVF III,269 und 270).

45 Der Topos der sicheren Warte, von der aus der Weise Kampf, Lärm und Verwirrung auf der Welt betrachtet, ist bei Seneca sehr beliebt (vgl. ben. 4,12,2; nat. 6,32,4), aber, wie oft bei ihm, aus einem »fremden Gärtchen« (vgl. epist. 4,10), nämlich dem der Epikureer genommen; vgl. Lucr. 2,1 ff., bes. 7–10: »... süßer ist nichts als zu wohnen in heiterem Gefilde, / Hoch in der Höhe und wohlverwahrt durch die Lehre der Weisen, / So dass herabblicken kannst du auf andre und sehen du, wie sie / Überall irren und schweifend suchen die Bahnen des Lebens« (Übers. K. Büchner).

46 Hier wird nach 5,6 und 6,1 zum dritten Mal auf Poliorketes (»Städtebelagerer«), den Beinamen des Demetrios, angespielt.

47 Diog. Laert. 2,114 spricht von nur einer Tochter Stilpons.

48 Vgl. schon 5,6 und 6,3.

49 Das Wortspiel (*victor victoremque ... vicit*) und die beiden Polyptota (Wiederholungen desselben Wortes in anderer Flexionsform – *fortuna ... fortunam*; *sunt ... erunt*) lassen sich im Deutschen nicht adäquat nachahmen.

50 Eine vorwiegend Frauen zugeschriebene Tugend; vgl. Borgo 1998, S. 151–154.

51 Das heißt: Listen der Schuldner.

52 Eigentlich bedeutet *sinus* »Togabausch«; auch in diesen konnte man etwas stecken.

53 Seneca nimmt das Bild der Belagerung von 6,4 wieder auf, um die uneinnehmbare Position des stoischen Weisen zu demonstrieren; dazu vgl. auch epist. 82,5: »Die Philosophie muss uns ringsum schützen, eine uneinnehmbare Mauer, die das Schicksal übersteigt, auch wenn es uns mit vielen Belagerungsmaschinen zusetzt. An unüberwindlichem Platz steht die Seele, die die Äußerlichkeiten verlassen hat und sich mit ihrem eigenen Bollwerk schützt; unterhalb fällt jedes Geschoss nieder. Das Schicksal hat nicht, wie wir glauben, weitreichende Arme. Niemanden fällt es an, wenn er sich nicht an ihm festklammert« (Übers. R. Rauthe). Zum Bild der »Seelenburg« vgl. Plat. Tim. 70a; Epikt. diatr. 4,1,86–90 und Willms 2011, S. 477, z. St.; s. auch Hadot 1996.

54 Nämlich der des Scipio Aemilianus.

55 Die Gottgleichheit (dazu schon 3,3 und 4,2; ferner 8,2) wird häufig dem eben genannten Alexander dem Großen zugebilligt; vgl. Curt. 10,5,33; vgl. 6,11,24; brev. 17,6; Iuv. 4,71.

56 Der Vorwurf, den Seneca hier dem *fictus interlocutor* Serenus in den Mund legt, wird den Stoikern oft gemacht; bei Alexander von Aphrodisias, einem Peripatetiker des 3. Jh.s, ist überliefert, sie hielten einen stoischen Weisen für »seltener als den Phönix«, den ägyptischen Wundervogel, der nach dem Mythos (Hdt. 2,73) alle 500 Jahre nach seiner Selbstverbrennung aus der Asche neu entsteht (Alex. Aphr., De fato 199,14–122 = LS 61 N); vgl. noch SVF I,216; de ira 1,14,2; 2,10,6; tranq. 7,4; epist. 42,1.

57 Zu diesem stoischen Lehrsatz vgl. SVF III,567 = Cic. Tusc. 3,18.

58 Zum Gedanken, dass die Intention mehr zählt als das Ergebnis, vgl. de ira 1,3,1; ben. 5,14,2 und epist. 14,16; der Topos findet sich auch bei Senecas Vater (Sen. Rhet. contr. 4,4 und 10,3,11: *nec enim eventus imputari debet cuiusque rei sed consilium* – »man kann nämlich nicht für jeden [Tat-]Ausgang verantwortlich gemacht werden, sondern nur für einen beabsichtigten«; Übers. Schönberger/Schönberger).

59 Seneca schildert hier Details eines Giftmordes, die Ähnlichkeiten mit den Historikerberichten eines mutmaßlich von Agrippina im

Jahr 54 ausgeheckten Giftattentats auf Kaiser Claudius aufweisen; vgl. Suet. Claud. 44,2–3; Nero 33,1 und Tac. ann. 12,67,1–2. Allfällige Übereinstimmungen dürften ein Zufall sein, denn ich glaube mit Berno 2018, S. 142 f., z. St. nicht, dass Seneca unsere Schrift nach dem Tod des Claudius am 13. Oktober 54 verfasst hat und mit dieser Stelle an ungustiöse Begleiterscheinungen des Ablebens des Kaisers erinnern wollte; s. zur Datierung im Nachwort, S. 117 f.

60 Zum Satz vom Widerspruch (Aristot. metaph. IV,3,1005b 26–27) vgl. auch benef. 5,10,1; prov. 2,1; 5,9; ferner Dig. 9,2,5,1 und 47,10,1 principium.

61 Der Satz bei Diog. Laert. 7,127, wonach das Glück auf der Tugend gegründet ist, gehört zu den wichtigsten Thesen der stoischen und kynischen Ethik; vgl. Diog. Laert. 6,11; SVF III,530 = Cic. fin. 3,48; 5,84; parad. 6,1 ff.; epist. 109,9–13.

62 Das Ziel des menschlichen Daseins in der Annäherung an Gott zu sehen, geht auf Pythagoras und Platon zurück; vgl. Stob. anth. II,7,3, p. 49,8 ff. Wachsmuth; zu Platon vgl. etwa Tht. 176b–e; rep. X,613a–b; leg. IV,716c.

63 Vgl. 6,8.

64 Zum Ideal der psychischen Einstimmigkeit, ausgedrückt durch die Glücksmetapher vom »Wohlfluss des Lebens«, vgl. SVF I,184 und 554; III,16 = LS 63 A; tranq. 2,4; epist. 31,8; 104,28; Stob. anth. II 77,16 Wachsmuth.

65 Das Gemeinwohl liegt den Stoikern am Herzen, denn für sie ist, im Gegensatz zu den Epikureern, ein philosophisches Leben durchaus mit politischer Aktivität vereinbar; zudem entspricht es der menschlichen Natur, freundlich und philanthropisch zu sein, in organisierten Gemeinschaften zu leben, Privateigentum zu haben, zu heiraten und Kinder zu haben. Das Gemeinschaftsleben wird als eine natürliche Folge der instinktiven Zuneigung dargestellt, die der Mensch zu seinen Kindern hat; vgl. prov. 3,1; SVF III,333 = LS 57 F; SVF III,626–636 = LS 60 P, 67 P, 65 W; s. auch Schriefl 2019, S. 172–174.

66 Zu *casus* vgl. 5,4; 6,5; 7,6.

67 Vgl. Anm. 74 und 86.

68 Das epikureische (Epikt. diatr. 1,24,6) Anliegen, dem Menschen die Furcht vor dem Tod zu nehmen, ist auch in Senecas Philosophie fest verankert: Nach nat. 6,32,12 ist der Tod als natürlicher Vorgang zu akzeptieren; vgl. ferner Marc. 19,5; 20,1 ff.; Pol. 9,3 ff.; epist. 123,16 (*mors malum non est*); der Tod ist nach stoischer Lehre ein Adiaphoron (also etwas, das weder gut noch schlecht ist); allmählich entwickelten die Stoiker eine Werttheorie und unterschieden zwischen Dingen, die naturgemäß sind und daher einen positiven Wert haben – dazu zählen etwa Gesundheit, Schönheit, Reichtum und Ansehen –, und naturwidrigen Dingen wie Tod, Krankheit, Armut oder niedere Herkunft, die negativ bewertet werden und zu meiden sind; vgl. Diog. Laert. 7,104–106 = LS 58 B; Stob. anth. II,83,10–85,11 = LS 58 D–E; s. dazu Schriefl 2019, S. 151.

69 Vgl. 19,3.

70 So wie der Kindestod Stilpon getroffen hat (6,5).

71 Zum lateinischen *moderate ferre* im Zusammenhang mit der stoisch-senecanischen Affektenlehre s. Ramondetti 2006, S. 112–114.

72 Zum Gedanken vgl. auch Sall. Cat. 10,1; Hor. sat. 2,2,126–127 (»Mag Fortuna auch wüten und neue Tumulte erregen – wie viel kann sie uns denn nehmen?«); Marc. 16,8; Pol. 13,4 und 15,1; Helv. 2,4; hier wird auf das Weltbild der Epikureer angespielt, wonach alles aus Atomen besteht, die im leeren Raum zusammenstoßen und dadurch die Einzeldinge unserer Erfahrungswelt konstituieren. Die Stoiker vertreten hingegen die Ansicht, dass die Welt in ihrer sinnvollen Ordnung auf einen vernünftigen Plan zurückgeht (vgl. Cic. nat. 2,81–87).

73 Wörtlich: »unter Togaträgern«; die Toga war »Statussymbol« und das davon abgeleitete Adjektiv *togatus* Synonym für Römer.

74 Das heißt dem stoischen Ideal der Apathie entsprechend; vgl. 3,3.

75 Zum Verbum *contrahere* s. Anm. 79.

76 Wettspiele haben fast alle julisch-claudischen Kaiser eingerichtet: z. B. Augustus in Neapel (2 n. Chr.) und Nero in Rom (im Jahr 60); s. Berno 2018, S. 155 mit den antiken Belegen.

77 Mit *propria* (»speziell«) sind Argumente gemeint, die einzig auf die *contumelia*, mit *communia* (»allgemein«) solche, die sowohl auf die *contumelia* als auch auf die *iniuria* anwendbar sind, meint

Abel 1967, S. 140 f. und verweist zu dieser rhetorischen Unterscheidung auf Aristot. rhet. 1,1,1355b 24–29 und Quint. inst. 5,13,29; ihm folgt Berno 2018, S. 157; die italienische Kommentatorin geht auch auf abweichende Deutungen wie die von Grimal 1953, S. 25 f.; 72 f., z. St. und von André 1989, S. 1761 ein.

78 So wörtlich; etwas freier und verständlicher: die Behauptung, der Weise könne beleidigt werden.

79 Seneca umschreibt mit dem Verbum *contrahere* den altstoischen Terminus *systolḗ*; Grimal 1953, S. 70, z. St. verweist noch auf Cic. Tusc. 4,14: *aegritudo sit animi adversante ratione contractio* (»Kummer ist eine Verkrampfung der Seele gegen die Vernunft«); zur physiologischen Beschreibung des Schmerzes als einer »Verkrampfung der Seele« vgl. SVF III,386. 393. 394. 412. 464 und Diog. Laert. 7,111–114; zur stoischen Affektenlehre s. auch Forschner 2018, S. 224–244 und Schriefl 2019, S. 144–150.

80 Klienten fanden sich in aller Regel täglich am Morgen in den Häusern ihrer Patrone ein, zur Begrüßung, vor allem aber zum Austausch von Gefälligkeiten o. Ä.

81 Das Adjektiv *muliebris, -e* bezeichnet eigentlich das Weibliche, wird aber, wie Harich 1993, S. 133 nebst Anm. 26 gezeigt hat, bei Seneca gerne auf Männer bezogen, um deren Verhalten als unvernünftig oder moralisch fehlgeleitet abzuwerten. Abel 1967, S. 129 versucht durch eine psychagogische Erklärung die frauenfeindliche Aussage Senecas an dieser Stelle abzuschwächen: »Seneca bekämpft, wie er manchmal zu tun pflegt, das größere mit dem geringeren Laster: Die herkömmliche Frauenverachtung ist ihm unter gegebenen Umständen ein willkommenes Mittel, einen Zornesausbruch zu verhüten.«

82 Nach stoischer Lehre gehören Gier, Furcht und andere Affekte nicht zu unseren natürlichen Anlagen, sondern ergeben sich aus fehlerhaften Überzeugungen.

83 *Morsus* ist eigentlich der »Biss« im buchstäblichen Sinne, wird aber schon von Cicero metaphorisch verwendet (vgl. Att. 12,8,1; Tusc. 4,15); zur Bedeutung dieser unwillkürlichen Gefühlsreaktion in der senecanischen Affekttheorie s. Abel 1983, bes. S. 79 f.; vgl. ferner Marc. 7,1 und epist. 99,14.

84 Vgl. zu dieser charakterlichen Disposition Aristot. eth. Nic. IV,3,1123a 34 – 1125a 35.

85 Also nach der stoischen Güterlehre »indifferente Dinge«; s. Anm. 42 und Pohlenz ^{4}1970, Bd. 1, S. 121–123; vgl. Cic. fin. 3,50–51; SVF I,191–196; vgl. auch 16,2.

86 Der stoische Weise lässt sich durch indifferente Dinge emotional nicht aus dem Gleichgewicht bringen. Er erkennt ihren eigentlichen Wert und entwickelt ihnen gegenüber keine Gefühle. Genau darin besteht das bekannte stoische Ideal der Affektfreiheit oder Apathie.

87 Trotz aller angestrebten Affektfreiheit ist der stoische Weise nicht gefühlskalt; vgl. 3,5 und epist. 71,27: »Nicht hebe ich den Weisen aus der Zahl der Menschen heraus oder billige ihm keine Schmerzen zu wie irgendeinem Felsen, der kein Gefühl zulässt. Ich weiß genau, dass er aus zwei Teilen zusammengesetzt ist: der eine ist vernunftlos, dieser wird verletzt, gebrannt, empfindet Schmerz; der andere ist vernunftbegabt, dieser hat unerschütterliche Grundsätze, ist unerschrocken und unbezwinglich. In diesem Teil ist jenes höchste Gut des Menschen angesiedelt. Bevor es vollständig erreicht wird, schwankt der Geist unbeständig hin und her; wenn es aber vollendet ist, besitzt er unwandelbare Festigkeit« (Übers. R. Rauthe).

88 Hier irrt Seneca wohl: Nach Walde/Hofmann ^{4}1965, S. 267 f. ist *contumelia* mit *tumeo* (»geschwollen/aufgeblasen sein«) verwandt; vgl. auch Dig. 47,10,1 principium; s. Maltby 1991, S. 154; Costa 1994, S. 203, z. St.

89 Hier ist wohl, wie im Folgenden, von einem gnomischen Perfekt auszugehen.

90 So die wörtliche Übersetzung von *tegenda*, einem euphemistischen Synonym für »Geschlechtsteile«; vgl. 13,2: *obscena*; s. André 1991, S. 165.

91 Zum Gedanken, dass derjenige, der seiner Sinne nicht mächtig ist, auch nicht schuldfähig ist, vgl. 13,1, de ira 2,30,1 sowie den Juristen Pegasus, einen Zeitgenossen Senecas, in Dig. 9,2,5,2; ferner schon Aristot. rhet. II,3,1380a 10–12 und eth. Nic. III,2,1111a 13–14.

92 Wohl zu Recht von Reynolds [2]1991 athetiert; s. auch Berno 2018, S. 168.

93 Nüsse wurden für bestimmte Kinderspiele benötigt; vgl. Hor. sat. 2,3,171–175 sowie epist. 115,8 (= SVF I,372).

94 Hier bleibe ich mit Berno 2018 (s. die Erläuterungen dort auf S. 170 f.) und vielen anderen bei *urbium*, entgegen Reynolds, der *orbium* liest.

95 Zum erzieherischen Wert von Rollenspielen bei Kindern vgl. Plat. leg. 1,643c und Epikt. ench. 29,3.

96 Man beachte, dass »Spiel … im Ernst betreiben«, im Lateinischen *serio ludunt*, ein schon in der griechischen Literatur beliebtes Oxymoron (Verbindung zweier sich widersprechender Ausdrücke) ist; Klei 1950, S. 139, z. St. nennt Xen. mem. 1,3,8 und Plat. apol. 24c als denkbare Vorbilder.

97 Ich fühle mich hier mit Berno 2018, S. 171 an Hom. Il. 15,361 ff. und Lucr. 6,724 erinnert.

98 Hohe Häuser waren vom Einsturz bedroht und dadurch eine dauernde Gefahr; vgl. Hor. carm. 2,10,10–11; ferner vit. beat. 26,2; tranq. 11,7; nat. 6,32,5; Marc. 22,3; epist. 103,1–2; ben. 6,15,7; 4,6,2; Sen. Rhet. contr. 2,1,11; Iuv. 3,190–196.

99 Vgl. 11,3.

100 Zum stoischen Weisen als Wächter über die Sitten vgl. de ira 1,14,3–15 und vit. beat. 26,5.

101 Zur Affinität zwischen Philosophie und Medizin vgl. Albamonte 1983, S. 106; Militerni della Morte 1997, S. 251–253; ferner 1,1.

102 Vgl. 11,3 und 17,1–2.

103 Der Begriff *colorati* wird nicht einheitlich übersetzt; er kann als »gefärbt« entweder im Sinne von »mit guter Farbe« verstanden werden oder im Sinne von »geschminkt«; s. dazu eingehend Berno 2018, S. 175 f.

104 Wörtlich: ihn ehrenvoll behandelt.

105 Vgl. epist. 9,14.

106 Berno 2018, S. 177 f. meint, Seneca denke an keinen bestimmten König und auch nicht an ein bestimmtes Mitglied der Attalidendynastie, sondern verwende – wie eine Reihe anderer antiker

Autoren – die Begriffe quasi als Synonyma für steinreiche Potentaten des Orients.

107 Vgl. 13,1–2 und Anm. 101.

108 Grimal 1953, S. 15 f. hat in dieser Stelle eine Anspielung Senecas auf die Tagespolitik (die Konflikte der Römer im Osten ihres Reiches) gesehen und daher die Abfassung des Dialogs nahe an das Jahr 55 gerückt; s. auch Bogun 1968, S. 130 f.; Berno 2018, S. 180 weist aber darauf hin, dass die wenig konkreten Angaben Senecas sich für eine Bestimmung der Abfassungszeit der Schrift kaum nutzen lassen.

109 Die Parther waren für ihre Bogenkunst berühmt; s. auch 4,1–2.

110 Hier ist wohl wieder von einem gnomischen Perfekt auszugehen.

111 S. 13,4.

112 Zu dem nach Hadot 1969, S. 126 »fast unübersetzbaren« Begriff *securitas* vgl. epist. 92,3: *quid est beata vita? securitas et perpetua tranquillitas* (»Was heißt ›glückliches Leben‹? Sorgenfreiheit und dauernde Gemütsruhe.«).

113 Die Frau wurde schon von Platon und Aristoteles als das von Natur aus anfälligere Opfer von Leidenschaften angesehen; vgl. Plat. Tim. 91c und Aristot. hist. an. IX,1,608b 1–4; s. Berno 2018, S. 181 f. mit weiteren Belegen und Literatur.

114 Das Gewicht des Ohrschmucks war ein Gemeinplatz der popularphilosophischen Literatur; vgl. Del Giovane 2015, S. 135 f.; vit. beat. 17,2 (»Warum trägt deine Frau ein ganzes Vermögen an den Ohren?«). Zum Topos der Schmuck- und Prunksucht der Frau sowie ihrer Unersättlichkeit im Reichtum s. Mauch 1997, S. 56–60. – Auch Seneca ließ sich mit der Sänfte tragen; wie er in epist. 55,1 gesteht, war ihm aber als Stoiker, der der Natur gemäß leben und daher seine Beine gebrauchen sollte, nicht ganz wohl dabei; zum Tragsessel als Zeichen des Luxus vgl. brev. 12,6–7.

115 Vgl. zum Gedanken Liv. 34,2,13.

116 S. Anm. 119.

117 Das heißt »Blasiertheit« oder »Dünkel«.

118 Zum Lärm bei der morgendlichen *salutatio*, zu den dort drohenden Demütigungen und dem sprichwörtlichen »glatten Parkett« vgl. etwa epist. 84,12.

119 Der *ianitor* oder *ostiarius* (»Türhüter«) gehörte, gemeinsam mit dem *cubicularius* (»Kämmerer«) und dem *nomenclator* (»Namensnenner«), zu denjenigen Hausangestellten, die bei gesellschaftlichen Anlässen spezifische Aufgaben zu erfüllen hatten (zur Grausamkeit der Wächter vgl. auch Ov. am. 1,6,1 und 27–28; ars 3,587–588). Gleich nach den frauenverachtenden Äußerungen folgt hier also ein Abschnitt, der das aus Sklaven sich rekrutierende Hauspersonal pauschal herabsetzt; dass dies im Gegensatz zu Senecas sonstiger Haltung (s. Anm. 126) steht, hat Abel 1967, S. 130 bemerkt; die Kritik an Frauen und Sklaven ist laut Abel darin begründet, dass Beleidigungen von dieser Seite Zornesaufwallung nicht wert sind.

120 Zur Bestechlichkeit von Pförtnern vgl. de ira 3,37,2; s. 15,5 und Anm. 132.

121 Vgl. 10,2–3; zum Gedanken vgl. auch de ira 2,34,5.

122 Eine Sentenz, aus der, wie Berno 2018, S. 187 richtig bemerkt, weniger verzeihender Altruismus als überhebliche aristokratische Gleichgültigkeit spricht; vgl. auch de ira 2,32,2–3.

123 Bekannt waren Merkur, Venus, Mars, Jupiter und Saturn; zur Ähnlichkeit zwischen Weisen und Planeten vgl. 15,2; s. Berno 2018, S. 188, z. St.

124 Das Futur in dieser Passage übersetze ich präsentisch.

125 Mit *rex* könnte hier der zu einem Gelage einladende Hausherr gemeint sein.

126 Gemeint sind etwa Dienste wie ausgespuckten Speichel wegzuwischen (epist. 47,5) oder Erbrochenes zu entfernen (brev. 12,5; epist. 77,4) oder auch der sexuelle Missbrauch (epist. 47,7); Seneca spricht sich öfters vehement für einen freundlichen und empathischen Umgang mit Sklaven und Sklavinnen aus und empfiehlt als Verhaltensnorm: »Lebe so mit einem Tieferstehenden, wie du möchtest, dass ein Höhergestellter mit dir lebe!« (epist. 47,11).

127 Vgl. zum Gedanken epist. 74,27.

128 Vgl. zum Gedanken epist. 59,16: »Das Gemüt eines Weisen ist wie das Weltall oberhalb des Mondes: Immer ist es dort heiter.«

129 Gemeint ist: »du, Serenus, und deine epikureischen Schulgenossen«; freilich gibt es auch Ihr-Anreden, in denen die allgemeine Leserschaft gemeint ist; s. Abel 1967, S. 127 f.

130 Zu Gemeinsamkeiten und Unterschieden zwischen Stoa und Epikureismus s. Schriefl 2019, S. 13 f.

131 Also dann auch fast eines Stoikers; vgl. epist. 33,1; in vit. beat. 13,2 ff. hingegen wendet sich Seneca nachdrücklich gegen den Vorwurf, die Schule Epikurs sei eine Lehrerin der Laster, besonders eines hemmungslosen Genussstrebens. Er verweist auf die höchst anspruchslose, auf das natürliche Maß beschränkte Lebensweise, wie sie Epikur fordert; zu Senecas Verhältnis zum Epikureismus im Allgemeinen s. Schiesaro 2015.

132 Zur herablassenden oder erniedrigenden Behandlung der Besucher durch das Hauspersonal bei der Morgenbegrüßung vgl. auch epist. 84,12.

133 Vgl. schon 15,4 und ben. 4,2,1.

134 Fr. 585 Usener.

135 Vgl. auch epist. 66,45–48 und 92,25–26.

136 Das heißt: Epikur oder wir Stoiker.

137 Was denn nun unter *vulnus premit* genau zu verstehen ist, haben die Belege von Berno 2018, S. 199 nicht klarmachen können.

138 Der eine ist der Stoiker, der andere der Epikureer; s. dazu Trillitzsch 1962, S. 77. Die Formulierung *stare in gradu* kommt aus der Sprache der Gladiatoren; vgl. Val. Max. 4,3, praef.; Pol. 6,2. Mit Metaphern aus der Arena behilft sich Seneca häufig, wenn er den Kampf zwischen Weisen und Fortuna darstellt; vgl. prov. 3,4–5, tranq. 11,4; epist. 30,8.

139 Zur Affinität von Stoa und Epikureismus vgl. de otio 3,2 sowie allgemein Schriefl 2019, S. 13 f.

140 Vgl. 18,1 sowie Suet. Cal. 3,1; 50,1.

141 Die unterschiedlichen Ansichten zu der m. E. unlösbaren Frage, ob der Begriff *vervex marinus* ein reales Geschöpf der antiken Meeresfauna bezeichnet oder nur ein Schimpfwort ist, referiert Berno 2018, S. 202, z. St.

142 *Depilatus* (»gerupft«) hat eine homoerotische Konnotation, so Berno 2018, S. 203 mit dem Hinweis auf Lucil. 845 Marx = 897 Christes/Garbugino und Mart. 9,27,1; der Strauß gilt nach Plin. nat. 10,1–2 als »albernes« Tier.

143 In apoc. 5,2 und 6,2 macht sich Seneca über Kaiser Claudius (reg. 41–54) lustig, weil dieser nur unverständliche unartikulierte Laute von sich gebe.

144 Oder wörtlich: was zu erreichen man bittend herbeisehnt.

145 Wie schon Viansino 1988, S. 428, z. St. aufgezeigt hat, ist hier ein Gemeinplatz der Diatribe angesprochen; der Kyniker Bion von Borysthenes meint etwa, man solle das Alter nicht schmähen, denn schließlich versuche jeder, es zu erreichen (Diog. Laert. 4,51 = fr. 63 Kindstrand; s. auch ebd. S. 276 f., z. St.); zum Topos der Diatribe, dass das Alter kein Übel ist, bei Seneca vgl. Helv. 10,3; 12,1; tranq. 8,2 ff.; epist. 12,4–5; 17,3 ff.; 26,2.

146 Senecas nicht sehr schmeichelhafte Beschreibung des Vatinius wird von Cic. Vatin. 4; 23; 39 und Att. 2,9,2 bestätigt.

147 Nach Berno 2018, S. 65, die den Ausdruck *fauces concisas* mit »gola segnata dalle cicatrici« übersetzt und bei Vatinius »Adenite tubercolare« (Skrofulose) diagnostiziert; s. ebd. S. 207 z. St. mit Belegen und Literatur zur antiken Medizin.

148 Nimmt *urbani* von 17,2 (»witzig«) wieder auf.

149 Die *liberalia studia* werden treffend erklärt in Cic. de orat. 3,127: »die Fachrichtungen, auf die sich die freien und edlen Wissenschaften gründeten, Geometrie, Musik, das Studium der Sprache und der Dichter, sowie diejenigen, die von der Welt, die von den Sitten der Menschen und von den Staatsdingen handelten« (Übers. H. Merklin).

150 Vgl. 18,5.

151 Ich lese *emendicatis*; überzeugend zu diesem textkritischen Problem ist Berno 2018, S. 210 f.

152 S. Anm. 140.

153 Das Adjektiv *languidus* ist, wie Berno 2018, S. 214 meint, nahezu ein Synonym für »weibisch/unmännlich«.

154 Wörtlich: ein Weichling. Venus, die Göttin der Liebe, und der Fruchtbarkeitsgott Priapus gehen in die gleiche Richtung.

155 Vgl. zum extravaganten Aufzug Caligulas auch Suet. Cal. 52.

156 Stiefelchen: Suet. Cal. 9; Tac. ann. 1,41,2. – Kind des Lagers: Suet. Cal. 8,1. – Zögling der Armee: Vgl. dazu auch Tac. ann. 1,44,1.

157 In epist. 71,7 legt Seneca dem Sokrates Worte in den Mund, die zur Stoa und auch in die vorliegende Schrift passen, sich aber sonst nirgendwo in den Quellen zu Sokrates finden.

158 Hier ist v. a. an die Komödie *Die Wolken* des attischen Komödiendichters Aristophanes (um 448–380 v. Chr.) zu denken; vgl. auch vit. beat. 27,2.

159 Vgl. Antisthenes fr. 1 A Prince. Mit der ausländischen, vom kleinasiatischen Idagebirge stammenden Mutter/Göttermutter ist die orientalische Fruchtbarkeitsgöttin Kybele / Magna Mater gemeint.

160 Wieder ein Chiasmus; s. Anm. 20.

161 Vgl. 8,2.

162 S. Anm. 3.

163 Zum sozialen und politischen Engagement der Stoiker s. Anm. 65.

Verzeichnis der Eigennamen

Bei römischen Namen werden Praenomina bzw. Cognomina nur dann aufgeführt, wenn sie auch im Text vorkommen.

Alexander (der Große) 356–323 v. Chr.; makedonischer König, der das Perserreich eroberte; er starb auf seinem Feldzug in Babylon; zu Senecas Alexanderbild s. Motto 2001, S. 144–147.

Antisthenes um 455–360 v. Chr.; Philosoph; er stammte von einem athenischen Bürger und einer Thrakerin ab; zunächst wurde er von dem Sophisten Gorgias unterrichtet und war mit Prodikos und Hippias befreundet, schloss sich aber bald dem Schülerkreis des Sokrates an; als Verfechter einer rigorosen Bedürfnislosigkeit gilt er als Begründer und einer der Hauptvertreter des Kynismus; von seinen Schriften ist außer zwei kurzen Übungsreden nichts erhalten; die wichtigsten Auskünfte über ihn stammen von seinem Zeitgenossen Xenophon sowie von Aristoteles und dem im 3. Jh. n. Chr. tätigen Philosophiehistoriker Diogenes Laertios.

Attalos von Pergamon s. Anm. 106.

Babylon alte Stadt in Mesopotamien, dem heutigen Irak; nach dem Sieg Alexanders bei Gaugamela ergab sich Babylon diesem 331 v. Chr. widerstandslos; Alexander machte es zum Sitz seines Reiches und starb dort 323 v. Chr.

Caesar 100–44 v. Chr.; römischer Feldherr und später Alleinherrscher; im Jahr 60 v. Chr. verband er sich mit Pompeius, dem er seine Tochter Julia zur Frau gab, und dem steinreichen Crassus zum sog. 1. Triumvirat; als Konsul 59 v. Chr. setzte er die Vorstellungen des Pompeius durch; 56 v. Chr. wurde der Dreibund erneuert; nach Julias Tod zwei Jahre später aber löste sich das Band zusehends; 58–50 v. Chr. führte Caesar Krieg in Gallien; nach seiner Rückkehr und dem Tod des Crassus zerfiel das Dreierbündnis; als Caesar sich 49 weigerte, den Befehl über seine Truppen niederzulegen, kam es zum Bürgerkrieg; Pompeius erhielt den Oberbefehl über die Senatsstreitkräfte und verließ Italien; im August 48 siegte Caesar bei Pharsalos in Thessalien; und bei Thapsus an der Küste Nordafrikas errang er 46 v. Chr. den endgültigen Sieg über die Republi-

kaner; Caesar vereinigte zunehmend alle politischen und militärischen Kompetenzen auf seine Person – und büßte dies an den Iden des März des Jahres 44 v. Chr., als er einem Attentat der republikanischen Opposition zum Opfer fiel; Caesar gilt wegen seiner militärischen Erfolge und seiner entscheidenden Rolle bei der Etablierung des römischen Kaisertums neben Alexander und Augustus als eine der bedeutendsten antiken Herrschergestalten; dabei wird oft übersehen, dass er auch ein bedeutender Schriftsteller war: Neben den propagandistisch gefärbten Berichten über den Gallischen Krieg (*Commentarii de bello Gallico*) und den Bürgerkrieg (*Commentarii de bello civili*) verfasste er auch ein politisches Pamphlet gegen den Freiheitshelden Cato mit dem Titel *Anticato* und die Cicero gewidmete sprachphilosophische Schrift *De analogia*.

(C.) Caesar der römische Kaiser Caligula (reg. 37–41); er war derjenige Herrscher, für dessen absonderlichen und abscheulichen Charakter der Begriff »Caesarenwahn« in Umlauf kam; so fand denn auch seine durch übermäßige Grausamkeit geprägte Herrschaft ihr Ende durch einen Mordanschlag, dessen Hauptakteur Chaerea war; zu Senecas Abneigung Caligula gegenüber vgl. de ira 1,20,8; 2,33,3; 3,18,3. 19,5. 21,5; s. dazu ausführlich Berno 2018, S. 209.

(M.) Cato 95–46 v. Chr.; Urenkel des Cato (Censorius), den wir als unversöhnlichen Feind Karthagos kennen; unbeugsamer Verteidiger der Republik; als Anführer der Senatspartei stellte er sich vehement gegen Caesars Machtstreben und kämpfte im Bürgerkrieg aufseiten des Pompeius; nach dem Sieg Caesars bei Thapsus an der Küste Nordafrikas 46 v. Chr. stürzte er sich in der nahen Provinzhauptstadt Utica ins Schwert, da er Caesar nicht die Gelegenheit geben wollte, an ihm seine Großmut zu demonstrieren; als »letzter Republikaner«, als strenger stoischer Moralist und als Verfechter der althergebrachten Sitten war er ein Vorbild für seine und Ciceros Generation; für die Zeitgenossen Senecas wurde er zur Identifikationsfigur der senatorischen Opposition gegen tyrannische Machthaber; für Seneca selbst verkörperte Cato, v. a. durch seinen heldenhaften Tod, das Ideal eines stoischen Weisen, den Helden

der Bewahrung der inneren Freiheit (vgl. Cass. Dio 43,10,3); vgl. etwa epist. 95,70; 104,31–33; s. Kreuzwieser 2016, S. 170–172; Gäth 2010, S. 54–58 (zum Cato-Bild von Senecas Zeitgenossen s. dort S. 3–44); in einem seiner frühesten Werke, der *Trostschrift für Marcia* (20,6), spricht Seneca an, was sein Neffe Lucan später ebenfalls in seinem oppositionellen Bürgerkriegsepos (2,383) verwenden sollte: Cato wurde nicht für seine eigene Freiheit, sondern für die Allgemeinheit geboren; vgl. Val. Max. 6,2,5; prov. 2,10; epist. 14,12; 95,69–71; 104,29–33.

Chaerea gest. 41 n. Chr.; er machte sich schon als ganz junger Mann im Jahr 14 als Zenturio im germanischen Heer durch sein Draufgängertum einen Namen; als er etwas später Tribun bei der Prätorianertruppe wurde, zog er sich wegen seiner zarten Stimme und seines sanften Wesens beständig Caligulas Spott zu (Suet. Cal. 56,2; Ios. ant. Iud. 19,24 ff.; 29–31; Cass. Dio 59,29 = Zon. 11,7); diese öffentlichen Verhöhnungen durch den Kaiser führten dazu, dass er sich der Verschwörung gegen diesen anschloss und schließlich den Kaisermord eigenhändig ausführte; Claudius' Thronerhebung lag nicht in seiner Absicht, und der neue Kaiser ließ ihn schließlich auch hinrichten.

Chrysipp (aus Soloi) um 280–206 v. Chr.; er kam 260 v. Chr. aus seiner kilikischen Heimat nach Athen, wo er sich dem Stoiker Kleanthes anschloss, aber auch den Skeptiker Arkesilaos hörte; als Kleanthes 232/231 v. Chr. starb, wurde Chrysipp zum Schulhaupt der Stoa gewählt; sein Fleiß und seine Belesenheit waren berühmt; er gilt als Begründer der stoischen Orthodoxie und soll 705 Schriften verfasst haben; seine Verdienste liegen auf dem Gebiet der stoischen Erkenntistheorie und Logik.

Cicero 106–43 v. Chr.; römischer Staatsmann, Jurist und Autor; der Rhetoriker gilt als stilprägender Meister lateinischer Prosa und – als Vermittler und Interpret der griechischen Philosophie und durch die Etablierung einer bis heute maßgeblichen philosophischen Begriffsbildung in lateinischer Sprache – als einer der Väter des Abendlandes; erhalten sind 58 politische und forensische Reden, bedeutsame rhetorische Schriften, 13 philosophische Schriften und 931 Briefe in verschiedenen Sammlungen; letzterem Cor-

pus ist es zu verdanken, dass die Nachwelt über Cicero so reiche biographische Informationen hat wie sonst über keine antike Gestalt; als Bewahrer der herkömmlichen republikanischen Ordnung ist Cicero gescheitert und hat diesen Kampf auch mit seinem Leben bezahlt.

(P.) Clodius um 93 – 52 v. Chr.; er war politisch begabt, neigte aber zu Aufruhr und Quertreiberei und zeigte keinerlei Achtung vor den Idealen der Republik; 68 v. Chr. zettelte er im Heer seines Schwagers Lucullus eine Meuterei an, 65 trat er erfolglos als Ankläger Catilinas auf, 62 verursachte er einen großen Skandal, als er sich verkleidet bei dem nur Frauen zugänglichen Fest der Fruchtbarkeitsgöttin Bona Dea in Caesars Haus einschlich; das Gericht sprach ihn, von Crassus bestochen, vom Vorwurf des Religionsfrevels frei; unter Caesars Schutz gewann Clodius das Volk durch ein Getreidegesetz und organisierte bewaffnete Banden, mit denen er geraume Zeit Roms Straßen beherrschte, bis Milo und Sestius ihrerseits Schlägertrupps aufstellten; 52 v. Chr. wurde Clodius von Milos Leuten erschlagen; zu ihm als Gegenbild Catos vgl. epist. 97,10.

Corbulo um 7 – 67 n. Chr.; Halbbruder der Milonia Caesonia, der letzten Ehefrau Caligulas; er war als der bedeutendste Feldherr seiner Zeit sowohl in Germanien als auch im Osten aktiv; im Jahr 66/67 wurde er zum Selbstmord gezwungen, weil er Kaiser Nero (reg. 54–68) zu mächtig geworden war; eine seiner Töchter war die Gattin des Kaisers Domitian (reg. 81–96).

Demetrios um 336 – 283 v. Chr.; Sohn des Diadochen Antigonos Monophthalmos; in den Diadochenkriegen war er Feldherr; später war er König von Makedonien, nahm Athen ein und herrschte über Griechenland; er wird als in der Politik und Kriegsführung ebenso wie im Privatleben äußerst wankelmütig und unbeherrscht beschrieben; den Quellen nach wusste er besser zu erobern (vgl. seinen Beinamen Poliorketes, »der Städtebelagerer«) als zu regieren und machte durch seine Leidenschaftlichkeit viele seiner großen Erfolge zunichte.

Epikur (aus Samos) 341–271 v. Chr.; gründete 306 v. Chr. in seinem Gartengrundstück vor den Stadtmauern Athens eine Philoso-

phenschule (daher auch Kepos, »der Garten«, genannt); die Epikureer übernahmen Demokrits Atomlehre, die auch die Ethik bestimmt: Die Seele löst sich auf mit dem Körper; es gibt keine strafenden Götter, keine Furcht vor dem Tod; dies trägt bei zum erwünschten Ziel des Lebens, der Eudaimonia, dem Glück, das auf der Unerschütterlichkeit des Gemüts beruht (Ataraxia). Sein Begriff der Lust wurde oft missverstanden: Er meinte keine hemmungslose Befriedigung der Sinne, sondern die Freiheit der Seele von Schmerz und jeglicher Beunruhigung, auch durch Staatsgeschäfte (daher der Leitspruch: *Láthe biốsas*, »Lebe im Verborgenen«). Keineswegs ist damit Luxusstreben gemeint: Epikur betont die geringen Bedürfnisse, die der Mensch von Natur aus hat. In diesem Punkt berührt er sich mit der Stoa; s. das positive Urteil Senecas in epist. 2,5; 4,10; 6,6; 7,11; 8,7–8; 9,1. 8. 18. 20; 11,9; 12,11; 13,16; 14,17; 15,9; 16,7; 17,11; 18,9. 14; 19,10; 20,9. 11; 21,3–4. 7. 9–10; 22,5–6. 13; 23,9; 24,18. 22–23; 25,4 ff.; 26,8; 28,9; 29,11; 30,14; 33,2; 46,1; 48,2; 52,3–4; 66,18. 45. 47–48; 67,15; 68,10; 79,15–16; 81,11; 85,18; 88,5; 89,11; 92,25; 97,13–15; 99,26.

Fabius-Bogen auf dem Forum Romanum; einer der ältesten Triumphbögen Roms: Fabius Maximus hatte ihn anlässlich seines Sieges über die Allobroger 121 v. Chr. errichtet.

Fidus Cornelius Über ihn haben sich sonst keine Nachrichten erhalten.

Gaius s. (C.) Caesar.

Herennius Macer Über ihn gibt es sonst keine Nachrichten.

Herkules s. Anm. 5 und 11.

Idagebirge in der nordwestlichen Türkei.

Kapitol einer der Hügel Roms; dort stand das wichtigste Heiligtum der Stadt; eine der dramatischsten Episoden im Geschichtswerk des Livius ist die Schilderung, wie Gänse im Jahr 387 v. Chr. das Kapitol und damit Rom vor der Einnahme durch die Gallier bewahrt hätten; die der Göttin Juno heiligen Tiere, die ihren speziellen Platz im dortigen Tempel hatten, sollen die Gefahr für ihre Stadt gespürt und mit ihrem lauten Geschnatter die Bewohner geweckt haben; gerade noch rechtzeitig hätten die schlaftrunkenen Römer erkannt, was passiert war, und nach der vernichtenden Nie-

derlage in der Schlacht an der Allia zumindest das Kapitol retten können.

Karthago im heutigen Tunesien; wurde von Scipio Aemilianus 146 v. Chr. eingenommen und zerstört, am Ende des Dritten Punischen Krieges.

Kastortempel Amtssitz der Quästoren auf dem Forum Romanum.

Megara Hafenstadt am Saronischen Golf, etwa 30 km westlich von Athen.

Numantia das heutige Garray im nördlichen Zentralspanien; es wurde von Scipio Aemilianus 133 v. Chr. eingenommen, denn es spielte eine Schlüsselrolle beim Widerstand der iberischen Kelten gegen die römische Besatzungsmacht: Während des 2. Jh.s v. Chr. konnte die Stadt mehrfach Angriffe bedeutender römischer Feldherren abwehren und 137 v. Chr. sogar einen von ihnen, Gaius Hostilius Mancinus, zur Kapitulation zwingen, bis schließlich Scipio Aemilianus dem hartnäckigen Widerstand der Iberer durch eine achtmonatige Blockade und Belagerung Numantias ein Ende machte; davon, dass sich die ausgehungerten Numantinier gegenseitig töteten, berichtet Seneca in epist. 66,13.

Odysseus s. Anm. 11 und 16.

Ovidius Naso 43 v. Chr. – 17 n. Chr.; berühmter römischer Dichter (u. a. *Metamorphosen*, *Ars amatoria*).

Pompeius 106–48 v. Chr.; Beiname Magnus (»der Große«); römischer Feldherr und Staatsmann; im Jahr 76 v. Chr. hatte er den Oberbefehl im Krieg gegen Sertorius in Spanien inne, 70 war er Konsul, 67 beendete er erfolgreich den Krieg gegen die Seeräuber, und 64 brach er die Macht Mithridates' VI. in Kleinasien und Griechenland; da der Senat seine Maßnahmen zur Neuordnung des Ostens und zur Landversorgung seiner Soldaten nicht genehmigte, verband sich Pompeius 60 v. Chr. mit Caesar und Crassus zum 1. Triumvirat (s. dazu unter »Caesar«); während Caesars Abwesenheit in Gallien war Pompeius 52 v. Chr. alleiniger Konsul; zur Entzweiung der beiden und zum Bürgerkrieg s. unter »Caesar«; nach der Niederlage bei Pharsalos floh Pompeius nach Ägypten, wo ihn die Paladine des jugendlichen Königs Ptolemaios XIII. ermordeten; Pompeius war die dominierende Figur in den Jahrzehnten

nach der Diktatur Sullas (82–79 v. Chr.), einer Zeit, in der die Macht des Senats Leuten mit immensem Vermögen wie Crassus, Heerführern wie Caesar oder Führern politischer Cliquen wie Clodius weichen musste; er war nicht zuletzt wegen seiner militärischen Erfolge sehr populär und glaubte sogar, den Vergleich mit Alexander dem Großen nicht scheuen zu müssen; gerade die Verkennung seiner Möglichkeiten und die Unterschätzung seiner politischen Widersacher haben ihn denn auch scheitern lassen; dementsprechend zeichnete auch Senecas Neffe Lucan in seinem Bürgerkriegsepos ein zwiespältiges Porträt des Pompeius als einer tragischen Gestalt, die dem skrupellosen Caesar zwar charakterlich überlegen ist, aber weit hinter der Lichtgestalt Cato zurückbleibt.

Rostren mehrere Rednerplattformen auf dem Forum Romanum.

Serenus gest. 61 oder 62 n. Chr.; enger Freund und wahrscheinlich auch ein entfernter Verwandter Senecas; er hatte unter Kaiser Nero (reg. 54–68) das Amt des *praefectus vigilum* inne, war also Chef der römischen Feuerwehr und hatte als solcher auch polizeiliche und richterliche Befugnisse; doch er litt unter Selbstzweifeln und dachte – so geht es aus den Abhandlungen und Briefen Senecas hervor – daran, sich aus dem öffentlichen Leben zurückzuziehen; er suchte deshalb auch den philosophischen Rat seines etwas älteren Freundes; in Senecas *De tranquillitate animi* ist eingangs ein Brief des Serenus an ihn wiedergegeben, aus dem ersichtlich wird, wie sehr Serenus sich zu einem einfachen Leben hingezogen fühlte, und zugleich, wie sehr er irritiert war vom hektischen Streben nach staatlichen Ehrenstellen und einem Leben im Luxus, das er rund um sich her beobachtete; nimmt man Senecas Bericht für bare Münze, dann stand Serenus zunächst den Epikureern nahe, freundete sich aber unter dem Einfluss Senecas mit der Stoa an und entschied sich für ein Verbleiben am Kaiserhof; Seneca widmete ihm *De constantia sapientis* und *De tranquillitate animi* sowie vielleicht *De otio*; wie Tacitus (ann. 13,13) berichtet, spielte Serenus eine helfende Rolle in der Liebesbeziehung des jungen Kaisers Nero mit der Freigelassenen Akte, indem er der Favoritin des Kaisers, der unter der Überwachung durch seine Mutter Agrippina litt, dessen heimliche Geschenke zukommen ließ; nach Plin. nat. 22,96

wurde Serenus mit einer Mahlzeit vergifteter Pilze ermordet; Seneca hat den Tod des Freundes nach eigenen Angaben »maßlos beweint« (epist. 63,14); Serenus wird hier mehrmals mit Vokativ angesprochen (1,1; 7,1; 15,1 ff.; 16,1), wodurch der Eindruck eines tatsächlichen Gesprächs angedeutet wird.

Sokrates 469–399 v. Chr.; Philosoph; nach der Darstellung seines Schülers Platon wandte er sich von der Naturspekulation seiner Vorgänger ab, hin zum Nachdenken über vernunftbestimmte Grundsätze des menschlichen Handelns als der wesentlichen Aufgabe der Philosophie; er selbst verfasste keine Schriften und gründete keine Schule, sondern wirkte durch sein Auftreten; 399 v. Chr. wurde er wegen Asebie (Religionsfrevel und Leugnung der Staatsgötter) zum Tode verurteilt und mit Gift hingerichtet; Seneca führt ihn wiederholt als Gegenspieler der Tyrannei, Opfer der Demokratie und Wahrer innerer Freiheit bei Verlust der äußeren an; in der *Trostschrift an seine Mutter Helvia* (Kap. 13) gibt er der Überzeugung Ausdruck, dass es nur *eine* Art der Erniedrigung gebe, die Selbsterniedrigung, und *De vita beata* schließt er mit der Prosopopöie des Sokrates, der den Feinden entgegenhält, dass ihre Angriffe ihn nicht erreichen, sondern wirkungslos an ihm abprallen (26,5 ff.).

Stilpon (aus Megara) um 370–290 v. Chr.; Philosoph; Haupt der sog. megarischen Philosophenschule; er galt schon in der Antike als Musterbeispiel der Selbstgenügsamkeit; Stilpon war sogar der Meinung, dass der Weise auch nicht auf Freunde angewiesen sei, denn über Tugend zu verfügen genüge ihm; vgl. epist. 9,1–3; zu Stilpons Philosophie im Allgemeinen s. Döring 1998.

Valerius Asiaticus um 5 v. Chr. – 47 n. Chr.; Senator aus Vienna in der Provinz Gallia Narbonensis; nach Tacitus (ann. 11,1,2) fasste er aufgrund der Beleidigung durch Kaiser Caligula (reg. 37–41) den Entschluss, diesen zu töten; angeblich hegte der zu immensem Reichtum gelangte Homo novus auch selbst Herrschaftsambitionen; unter Claudius (reg. 41–54), den er auf dem Britannienfeldzug begleitete, blieb er vorerst sehr einflussreich; dessen Frau Messalina, deren Liebhaber er nicht werden wollte, ließ ihn schließlich durch den berüchtigten Ankläger Suillius Rufus bei

Claudius anschwärzen: Valerius treibe Ehebruch mit Poppaea Sabina, der Mutter der gleichnamigen Frau Neros, und habe Vorbereitungen zu einem Umsturz getroffen; nach der Verurteilung durch das Kaisergericht öffnete sich Valerius Asiaticus im Jahr 47 die Pulsadern.

Vatinius um 95 – nach 42 v. Chr.; Homo novus aus Reate; Konsul 47 v. Chr.; seinen Aufstieg hatte er weitgehend Caesar zu verdanken; die Quellen zu seiner Karriere stammen aber vorwiegend von dessen Gegner Cicero, wodurch eine objektive Bewertung schwierig ist; zu seinen körperlichen Gebrechen, deretwegen er den Spott seiner Zeitgenossen auf sich zog, vgl. Cic. Att. 2,6,2; 9,2 und Sest. 134–135; im Politischen und Militärischen war Vatinius offenbar talentiert, entschlossen, durchschlagskräftig und skrupellos.

Xanthippe Ehefrau des Sokrates; einige Zeitgenossen dichteten ihr den Ruf einer zänkischen Ehefrau an – als solche ging sie in die Literaturgeschichte ein; Sokrates machte die gelinde gesagt nicht sehr respektvolle Behandlung durch seine Ehefrau nichts aus, denn Selbstbeherrschung, das heißt Herrschaft des Logos über die Affekte, galt ihm gemäß seinem Autarkieideal als eine der vornehmsten Tugenden (Plat. Gorg. 491d–e; rep. IV,431a); zu dieser Episode vgl. auch Xen. symp. 2,10; ferner epist. 104,27; Gell. 1,17,1–3.

Literaturhinweise

Zitierte Ausgaben, Übersetzungen und Kommentare

Senecas Werke

Berno, F. R. (Hrsg.): L. Annaei Senecae De constantia sapientis. Palermo 2018.

Billerbeck, M. (Hrsg. und Komm.): Seneca. Hercules furens. Leiden/Boston/Köln 1999.

Costa, C. D. N. (Hrsg.): Seneca. Four Dialogues. Warminster 1994.

Griffin, M. T.: Seneca on Society. A guide to *De beneficiis*. Oxford 2013.

Grimal, P. (Komm.): Sénèque, De constantia sapientis. Paris 1953.

Klei, W. (Hrsg. und Komm.): L. Annaeus Seneca. Dialogorum liber II. Ad Serenum nec iniuriam nec contumeliam accipere sapientem (De constantia sapientis). Diss. Utrecht. Zwolle 1950.

Reynolds, L. D. (Hrsg.): L. Annaei Senecae Dialogorum libri XII. Oxford [2]1991.

Viansino, G. (Hrsg.): Seneca. I dialoghi. Bd. 1: Della provvidenza; Della costanza del saggio; Dell'ira. Mailand 1988.

Andere Autoren und Textsammlungen

Arnim, H. von (Hrsg.): Stoicorum veterum fragmenta. Leipzig 1903–05. (Neudr. Stuttgart 1964; zit. als SVF.)

Astbury, R. (Hrsg.): M. Terentius Varro. Saturarum Menippearum fragmenta. München/Leipzig [2]2002. (Zit. als Astbury.)

Calboli, G. (Hrsg., Übers. und Komm.): Cornifici seu Incerti Auctoris Rhetorica ad C. Herennium. Berlin/Boston 2020.

Christes, J. / Garbugino, G. (Übers. und Komm.): Lucilius. Satiren. Lat./Dt. Darmstadt 2015. (Zit. als Christes/Garbugino.)

Döring, K. (Hrsg. und Komm.): Die Megariker. Kommentierte Sammlung der Testimonien. Amsterdam 1972. (Zit. als Döring.)

Kindstrand, J. F. (Hrsg. und Komm.): Bion of Borysthenes. A Collection of Fragments. Uppsala 1976. (Zit. als Kindstrand.)
Long, A. A. / Sedley, D. E. (Hrsg. und Komm.): Die hellenistischen Philosophen. Übers. von K. Hülser. Stuttgart/Weimar 2000. (Zit. als LS.)
Marx, F. (Hrsg.): C. Lucilii carminum reliquiae. 2 Bde. Leipzig 1904/05. (Neudr. Stuttgart/Amsterdam 1963; zit. als Marx.)
Prince, S. H. (Hrsg., Übers. und Komm.): Antisthenes of Athens. Ann Arbor 2015. (Zit. als Prince.)
Usener, H. (Hrsg.): Epicurea. Leipzig 1887. (Neudr. Rom 1963; zit. als Usener.)
Veh, O. (Übers.) / Will, W. (Hrsg.): Appian von Alexandria. Römische Geschichte. Zweiter Teil: Die Bürgerkriege. Stuttgart 1989.
Wachsmuth, K. (Hrsg.): Ioannis Stobaei anthologii libri duo priores, qui inscribi solent eclogae physicae et ethicae. 2 Bde. Berlin 1884. (Neudr. Berlin 1958; zit. als Wachsmuth.)
Willms, L. (Übers. und Komm.): Epiktets Diatribe *Über die Freiheit* (4.1). 2 Bde. Heidelberg 2011.

Sonstige zitierte und weiterführende Literatur

Abel, K.: Bauformen in Senecas Dialogen. Fünf Strukturanalysen: Dial. 6, 11, 12, 1 und 2. Heidelberg 1967.
– Das Propatheia-Theorem: Ein Beitrag zur stoischen Affektenlehre. In: Hermes 111 (1983) S. 78–97.
– Seneca. Leben und Leistung. In: Aufstieg und Niedergang der römischen Welt II.32.2. Berlin / New York 1985. S. 654–775.
Albamonte, M.: Su alcune tipi di similitudine nelle opere in prosa di Seneca. In: Quaderni di Cultura e di Tradizione classica 1 (1983) S. 105–114.
Albrecht, M. von: Seneca. Eine Einführung. Stuttgart 2018.
André, J.-M.: Sénèque. *De brevitate vitae, De constantia sapientis, De tranquillitate animi, De otio*. In: Aufstieg und Niedergang der römischen Welt II.36.3. Berlin / New York 1989. S. 1724–78.

André, J.-M.: Sénèque et la chute de la République. In: Bulletin de l'Association Guillaume Budé (1990) S. 190–203.
– Le vocabulaire latin de l'anatomie. Paris 1991.
Baraz, Y.: True Greatness of Soul in Seneca's *De constantia sapientis*. In: Williams, G. / Volk, K. (Hrsg.): Roman Reflections. Studies in Latin Philosophy. Oxford / New York / Auckland 2016. S. 157–171.
Becker, O.: Das Bild des Weges und verwandte Vorstellungen im Frühgriechischen Denken. Berlin 1937. (Hermes-Einzelschriften 4.)
Berno, F. R.: Seneca al bivio. Il paradigma di Eracle nelle lettere 66 e 115. In: Prometheus 42 (2016) S. 115–122. (Zit. als Berno 2016a.)
– Ulisse ed Ercole *victores omnium terrorum*? Il mare nella letteratura latina. In: Maia 67 (2016) S. 282–297. (Zit. als Berno 2016b.)
Bogun, V.: Die außerrömische Geschichte in den Werken Senecas. Diss. Köln 1968.
Borgo, A.: Lessico morale di Seneca. Neapel 1998.
Busch, G.: *Fortunae resistere* in der Moral des Philosophen Seneca. In: Antike und Abendland 10 (1961) S. 53–94. (Neudr. in: Maurach, G. [Hrsg.]: Seneca als Philosoph. Darmstadt 1987. S. 53–94.)
Citti, F.: Serse e Demarato (ben. 6,31,1–10). Seneca, Erodoto, e le declamazioni di argomento storico. In: Studi italiani di filologia classica 108 (2015) S. 232–249.
Damschen, G. / Heil, A. (Hrsg.): Brill's Companion to Seneca. Philosopher and Dramatist. Leiden/Boston 2014.
Degl'Innocenti Pierini, R.: Freedom in Seneca. Some Reflections on the Relationship between Philosophy and Politics, Public and Private Life. In: Wildberger, J. / Colish, M. L. (Hrsg.): Seneca Philosophus. Berlin/Boston 2014. S. 167–187.
Del Giovane, B.: Seneca, la diatriba e la ricerca di una morale austera. Caratteristiche, influenze, mediazioni di un rapporto complesso. Florenz 2015.
Dietsche, U.: Strategie und Philosophie bei Seneca. Untersuchungen zur therapeutischen Technik in den *Epistulae morales*. Berlin/Boston 2014.
Döring, K.: Stilpon. In: Flashar, H. (Hrsg.): Grundriss der Geschichte der Philosophie. Die Philosophie der Antike. Bd. 2/1. Basel 1998. S. 230–236.

Forschner, M.: Die Philosophie der Stoa. Logik, Physik und Ethik. Darmstadt 2018.

Fuhrmann, M.: Seneca und Kaiser Nero. Eine Biographie. Berlin 1997.

Gäth, S.: Die literarische Rezeption des Cato Uticensis. In Ausschnitten von der Antike bis zur Neuzeit. Frankfurt a. M. [u. a.] 2010.

Giacchero, M.: Le reminiscenze erodotee in Seneca e la condanna di Caligola. In: Sandalion 3 (1980) S. 175–189.

Grimal, P.: Seneca. Macht und Ohnmacht des Geistes. Darmstadt 1978.

Hadot, I.: Seneca und die griechisch-römische Tradition der Seelenleitung. Berlin 1969.

Hadot, P.: Die innere Burg. Anleitung zu einer Lektüre Marc Aurels. Frankfurt a. M. 1996.

Harich, H.: Zur Präsenz des Weiblichen und zur Einschätzung der Frau bei Seneca Philosophus. In: Grazer Beiträge. Zeitschrift für die Klassische Altertumswissenschaft 19 (1993) S. 129–155.

Kreuzwieser, C.: Der Begriff *natura* und seine ethische Relevanz in Senecas Prosaschriften. Mainz 2016.

Lanzarone, N.: Seneca d. J. (Lucius Annaeus Seneca minor). In: Der Neue Pauly, Suppl.-Bd. 7: Die Rezeption der antiken Literatur. Kulturhistorisches Werklexikon. Stuttgart 2010.

Liebersohn, Y. Z.: Seneca Philosophia Medicus. *De Constantia Sapientis*: a Proposed Interpretation. In: Deroux, C. (Hrsg.): Studies in Latin Literature and Roman History. Bd. 12. Brüssel 2005. S. 361–394.

Maltby, R.: A Lexicon of Ancient Etymology. Leeds 1991.

Marshall, C. W.: The Works of Seneca the Younger and Their Dates. In: Damschen/Heil 2014. S. 33–44.

Mauch, M.: Senecas Frauenbild in den philosophischen Schriften. Frankfurt a. M. 1997.

Militerni della Morte, P.: Osservazioni sulla funzione semantica dei termini relativi alla ›follia‹ in Seneca. In: Paideia 52 (1997) S. 241–262.

Motto, A. L.: Exemplary Villains in Seneca's Prose. In: Motto, A. L.: Further Essays on Seneca. Frankfurt a. M. [u. a.] 2001. S. 143–167. (Erstdr. in: Bollettino di Studi Latini 23 [1993] S. 309–319.)

Pohlenz, M.: Die Stoa. Geschichte einer geistigen Bewegung. 2 Bde. Göttingen ^{4}1970.

Ramondetti, P.: Adfectus e »moderazione« nei Dialoghi di Seneca. Spunti di riflessione, tra ἀπάθεια e μετριοπάθεια. In: Gasti, F. (Hrsg.): Il latino dei filosofi a Roma antica. Atti della V Giornata ghisleriana di Filologia classica (Pavia, 12–13 aprile 2005). Pavia 2006. S. 93–126.

Schiesaro, A.: Seneca and Epicurus: The Allure of the Other. In: Bartsch, S. / Schiesaro, A.: The Cambridge Companion to Seneca. Cambridge 2015. S. 239–251.

Schriefl, A.: Stoische Philosophie. Eine Einführung. Stuttgart 2019.

Setaioli, A.: Seneca e i Greci. Citazioni e traduzioni nelle opere filosofiche. Bologna 1988.

Trillitzsch, W.: Senecas Beweisführung, Berlin 1962. (Deutsche Akademie der Wissenschaften zu Berlin. Schriften der Sektion für Altertumswissenschaft 37).

Walde, A. / Hofmann, J. B.: Lateinisches etymologisches Wörterbuch. 2 Bde. Heidelberg ^{4}1965.

Wildberger, J.: Seneca und die Stoa. Der Platz des Menschen in der Welt. Bd. 1: Text. Bd. 2: Anhänge, Literatur, Anmerkungen und Register. Berlin / New York 2006.

Wittmann, R.: Die Entwicklungslinien der klassischen Injurienklage. In: Zeitschrift der Savigny-Stiftung für Rechtsgeschichte, Romanistische Abteilung 91 (1974) S. 285–359.

Nachwort

Senecas Leben

Der Politiker, Philosoph und Dichter wurde um die Zeitenwende in Corduba in Südspanien geboren und war der mittlere von drei Söhnen Senecas des Älteren (wie wir ihn in Abgrenzung zu seinem berühmteren Sohn nennen) und der Helvia. Die Mutter war eine gebildete Frau – anders als sie war der einer angesehenen römischen Ritterfamilie entstammende Vater zwar kein Freund der Philosophie, immerhin aber ein Bewunderer der Rhetorik; für seine Söhne verfasste er das Werk *Oratorum et rhetorum sententiae divisiones colores* (*Sentenzen, Einteilungen, Färbungen von Rednern und Redelehrern*), mit Porträts und Textproben bedeutender Redner seiner Jugend in augusteischer Zeit. Der ältere Bruder unseres Autors, Annaeus Novatus, der später nach seinem Adoptivvater Junius Gallio genannt wurde, kommt in der Apostelgeschichte (18,12–16) als römischer Beamter mit Paulus in Berührung, der jüngere Bruder Mela war der Vater des nach Vergil größten römischen Epikers Lukan.

Die bei Weitem wichtigste Quelle zu Senecas Leben und Charakter sind neben den Biographien des Sueton (um 70 – nach 122) und der griechisch geschriebenen *Römischen Geschichte* des Cassius Dio (um 150–235) die *Annalen* des Tacitus (um 58–120) – seine Nachrichten gelten als zuverlässiger als Sueton und Cassius Dio. Seneca selbst hat nur Weniges aus seinem Leben preisgegeben; einige seiner sogenannten Dialoge erörtern zumindest in allgemeiner

Form moralische Fragen, denen er sich selbst tatsächlich stellen musste.

Seneca kam früh nach Rom, erhielt dort die standesübliche rhetorische Ausbildung und studierte mit Eifer Philosophie, vor allem Ethik bei dem Stoiker Attalos sowie bei Sotion, einem Schüler des stoisch und pythagoreisch geprägten Sextius. Er entschied sich für die senatorische Laufbahn, war aber dann nach ersten Versuchen, sich als Anwalt einen Namen zu machen, wohl um das Jahr 30 durch eine schwere Erkrankung der Atemwege gezwungen, sich für längere Zeit zur Erholung zu einer Tante nach Alexandria in Ägypten zu begeben, wo sein Onkel Statthalter war. Nach seiner Rückkehr nach Rom im Jahr 31 wurde er Quästor und machte bald seine erste unliebsame Bekanntschaft mit dem Kaiserhaus, mit dem er bis zu seinem Tod schicksalhaft verbunden bleiben sollte: Er erregte durch seine glänzende Redekunst den Neid des von despotischem Wahnsinn getriebenen Kaisers Caligula (reg. 37–41), und nur seine angeschlagene Gesundheit, weswegen manche ohnedies mit seinem Hinscheiden rechneten, soll ihn vor der Ermordung bewahrt haben.

Bald nach der Thronbesteigung des Claudius (reg. 41–54) wurde Seneca das Opfer höfischer Intrigen: Caligulas jüngere Schwester Julia Livilla schien immer größeren Einfluss auf den Kaiser zu gewinnen; um sie loszuwerden, dichtete ihr Claudius' machtbesessene Gattin Messalina eine Affäre mit Seneca an. Der vermeintliche Lüstling Seneca musste in die Verbannung nach Korsika, damals keine Wunschdestination für Exilierte – und ertrug sein Los als Stoiker gefasster als vor ihm Cicero und Ovid. Nach acht Jahren der Einsamkeit und Selbstbesinnung erwirkte die neue

Kaisergattin Agrippina (wir nennen sie »die Jüngere«), Claudius' vierte Ehefrau, die das Spiel um die Macht am Hof gegen ihre Rivalin Messalina gewonnen hatte, im Jahr 49 seine Rückberufung. Seneca wurde nun mit der Erziehung des jungen Nero, des einzigen Sohnes der Agrippina (aus erster Ehe), betraut und erhielt um das Jahr 50 das Amt eines Prätors. Die herrschsüchtige und skrupellose Kaisergattin soll Claudius umgebracht haben, nachdem sie ihrem Sohn den Weg auf den Thron geebnet hatte. Seneca, der einerseits die Leichenrede auf Claudius verfasste und ihn andererseits in der Satire *Apocolocyntosis* aufs Heftigste verspottet hatte, stieg nunmehr zu größtem Einfluss auf.

Gemeinsam mit dem Gardepräfekten Burrus leitete Seneca um 55/56 als Konsul, de facto aber etwa fünf Jahre lang die Geschicke des römischen Reiches. Als Prinzenerzieher war ihm allerdings kein Erfolg beschieden. Nero (reg. 54–68) nämlich ließ sich durch die staatspolitischen Maximen, die Seneca ihm in der Schrift *De clementia* (*Über die Güte*) nahezubringen suchte, nicht beeindrucken: Der junge Kaiser, der im Jahr 55 seinen Adoptivbruder Britannicus, den Sohn des Claudius mit dessen dritter Frau Valeria Messalina, hatte ermorden lassen, ging hemmungslos seinen Vergnügungen nach und betätigte sich als Sänger, Schauspieler und Rennfahrer, was eines ehrbaren Mannes, zumal eines Kaisers unwürdig war. Im Jahr 59 beseitigte Nero seine um Einfluss buhlende und ihn bedrängende Mutter. Seneca, der diese Tat wohl billigend in Kauf nahm und vor der Öffentlichkeit rechtfertigen musste, verlor nun rasch an Macht und zog sich nach Burrus' Tod im Jahr 62 gänzlich aus der Öffentlichkeit zurück. Er bat den Kaiser, die Reichtümer,

mit denen dieser ihn all die Jahre überhäuft hatte und die ihm, der als bekennender Stoiker sich eigentlich der asketischen Lebensweise verschrieben haben müsste, ätzenden Spott und böse Anfeindungen eintrugen, zurückzunehmen, doch Nero lehnte dies ab mit der Bemerkung, dadurch könnte noch der Eindruck entstehen, er, der Kaiser, sei geizig oder gar grausam. In seinen letzten Jahren widmete sich Seneca mit vollem Eifer wieder der philosophischen Schriftstellerei. Bei der von Calpurnius Piso angezettelten Verschwörung, die zum Ziel hatte, Nero aus dem Weg zu räumen, wurde er der Mitwisserschaft beschuldigt; Nero befahl ihm, seinem ehemaligen Erzieher und politischen Mentor, die Selbsttötung: Seneca schied im Jahr 65, nachdem er schon auf Reichtum und Macht verzichtet hatte, nach dem Zeugnis des Historikers Tacitus ganz nach dem Vorbild des Sokrates (469–399 v. Chr.) – vielleicht auch des jüngeren Cato (95–46 v. Chr.) – in stoischer Manier mit philosophischer Gelassenheit aus dem Leben.

Senecas Werk

Nach dem Zeugnis des Redelehrers Quintilian hinterließ Seneca *orationes*, *poemata*, *epistulae* und *dialogi*.[1] Von den Reden hat sich nichts erhalten. Von den *poemata*, den Dichtungen, sind im Wesentlichen nur neun Tragödien auf die Nachwelt gekommen. Sie sind die einzigen vollständig erhaltenen lateinischsprachigen Exemplare dieses Genres, halten sich aber durchweg an die traditionellen mythischen

1 Quint. inst. 10,1,12.

Stoffe (bei vielen Stücken lässt sich sogar eine intertextuelle Abhängigkeit von erhaltenen griechischen Vorlagen nachweisen). Die Tragödien erschöpfen sich nicht in der Illustration philosophischer Lehrsätze, sind aber andererseits auch kein solitärer, ganz eigenständiger Teil von Senecas Gesamtwerk, denn auch sie wollen eher belehren und erziehen als lediglich unterhalten – und verfolgen so eigentlich dieselben Zwecke wie die Prosaschriften. Die unter Senecas Namen überlieferte historische Tragödie *Octavia*, das einzige vollständig erhaltene lateinische Exemplar der als *fabula praetexta* bezeichneten Gattung, behandelt das Schicksal von Neros bemitleidenswerter erster Gemahlin und stammt wohl nicht tatsächlich von Seneca selbst, sondern von einem ihm geistig nahestehenden zeitgenössischen Dichter. Die schon erwähnte *Apocolocyntosis* (auf Deutsch etwa: *Verkürbisung* – parodistisch für Vergöttlichung), in der Seneca in einer Mischung aus Prosa und Vers mit beißendem Spott den Tod sowie die Himmel- und Höllenfahrt des Claudius als eines stammelnden Idioten mit humpelndem Gang beschreibt, steht gattungsmäßig der Satire nahe. Mit den Briefen ist die umfängliche, nicht ganz vollständig erhaltene Sammlung *Epistulae morales ad Lucilium* (*Briefe an Lucilius über Ethik*) gemeint. Eine glatte Fälschung ist der zum ersten Mal vom Kirchenvater Hieronymus erwähnte stilistisch bescheidene und inhaltlich dürftige Briefwechsel mit dem Apostel Paulus – er hat Seneca einst den Ruf eingebracht, insgeheim Christ gewesen zu sein. Als Dialoge schließlich bezeichnet Quintilian wegen ihrer lockeren Darstellungsart die übrige philosophische, zum Teil verlorene Prosa, welche ihren Inhalt gern dialogartig – mit Einwürfen eines fiktiven Gegners und de-

ren Widerlegung – vorbringt;[2] keineswegs darf man bei *dialogi* an Gespräche im Stil der platonischen Dialoge oder an die Art des Aristoteles denken: Mit beidem hat Senecas Dialog-Begriff nichts zu tun. Vielmehr ist damit jenes hellenistische Genos gemeint, mit dem volkstümliche Sittenpredigten zu allen möglichen Themen bezeichnet werden: die Diatribe. Sie ist Ausdruck einer sich bereits im 1. Jahrhundert v. Chr. abzeichnenden Tendenz der philosophischen Schulen, sich weitgehend auf die Ethik zu konzentrieren. Seneca machte sich ihren Argumentationsstil zu eigen. Die Sprache der Diatribe ist reich an Bildern und Beispielen, um die Anschaulichkeit zu erhöhen und sich das Gewicht von historischen Autoritäten zunutze zu machen.

Senecas Werke lassen sich, auch da sie kaum Hinweise auf aktuelle Ereignisse enthalten, nur schwer genau datieren.[3] Eine Ausnahme sind die drei verhältnismäßig frühen *consolationes* (Trostschriften, ein in hellenistisch-römischer Zeit sehr beliebtes Genre von Traktaten der praktischen Ethik): für Marcia, noch unter Caligula (reg. 37–41) verfasst, für die Mutter Helvia und für den Freigelassenen Polybius. Erstere, die *Trostschrift für Marcia*, die Tochter des unter Kaiser Tiberius (reg. 14–37) vom Prätorianerpräfekten Sejanus in den Tod getriebenen Cremutius Cordus, hat ein in der Konsolationsliteratur überaus verbreitetes Thema zum Gegenstand: Es galt, der Adressatin über den Verlust eines Sohnes hinwegzuhelfen. In der *Trostschrift an Helvia* versucht Seneca das Leid, das sein Exil (41–49) ver-

2 Zur Rezeption der senecanischen *dialogi* s. Lanzarone 2010, Sp. 857–868.

3 S. Grimal 1978, S. 185–229; Abel 1967, S. 155–169 und die tabellarische Übersicht dort auf S. 170.

ursacht, nicht nur bei der Mutter, sondern zugleich auch bei sich selbst zu lindern. Seiner Mutter versichert er, sie müsse sein Schicksal nicht beklagen, denn er habe in der Lehre der Stoa inneren Halt gefunden: Die Verbannung sei kein Unglück, der Mensch könne überall leben, denn die ganze Welt sei sein Vaterland. Wenn die Mutter sich selbst der Philosophie zuwende, werde auch sie dort Trost und Sicherheit finden und ihre durch seine Verbannung ausgelöste Trauer ablegen können. Die an den Hofbeamten Polybius sich wendende Abhandlung endlich, literarisch von geringerem Wert, ist nur zum Schein eine Trostschrift, tatsächlich enthält sie mehr oder weniger unverhohlen das Gesuch, der Kaiser möge ihm die Rückkehr nach Rom erlauben. Die drei Bücher *De ira* (*Über die Wut*) sind wohl gleichzeitig mit den Trostschriften, teils unter Caligula (reg. 37–41), teils im Exil (41–49), zustande gekommen: Seneca setzt dort in allgemeiner, nicht einer bestimmten Person sich zuwendender Form die Bekämpfung der Affekte, ein Hauptmotiv seiner Ethik, fort. Nach dem Tod Caligulas (im Jahr 41) wurde wohl *De brevitate vitae* (*Von der Kürze des Lebens*) verfasst, eine Mahnung zur Hinwendung an die Philosophie. Unser Leben, so der Grundtenor, ist nur deshalb so kurz, weil wir darin die meiste Zeit für unsere Leidenschaften und für unnütze Zerstreuungen vergeuden, statt uns den wirklich maßgeblichen Dingen zu widmen.

Nach der ehrenvollen Rückkehr und der Berufung zum Erzieher Neros begann nach einer dem späteren Kaiser Trajan in den Mund gelegten Bemerkung das »glücklichste Jahrfünft Roms«[4]. Die Voraussetzung, die die platonische

4 Aur. Vict. 5,2.

Staatsschrift *Politeia* (*Der Staat*) für ein gelingendes Gemeinwesen aufstellt, wurde erfüllt: Mit Seneca hatte ein Philosoph, zusammen mit Burrus, die Staatsgeschäfte übernommen. In dieser Zeit verfasste Seneca die schon erwähnte Schrift *De clementia* (*Über die Güte*; sie ist entweder unvollständig erhalten oder war nie vollendet worden); dieser Fürstenspiegel versuchte den jungen Monarchen zu kontrolliertem Maßhalten anzuleiten und ihm einzureden, dass es Vergnügen bereite, durch Wohltaten die Sympathien seiner Mitbürger zu gewinnen – kurz gesagt: Es geht um die Möglichkeiten und Grenzen der Gerechtigkeit unter einem monokratisch regierenden Kaiser. Die Abhandlung *De vita beata* (*Vom glücklichen Leben*) befasst sich mit einem zentralen Thema der antiken Philosophie, dem Glück, nicht als subjektives Wohlbefinden verstanden, sondern im Sinne eines »guten Lebens« oder »Wohlergehens«, dem Zweck der menschlichen Existenz überhaupt, sowohl für Platon und Aristoteles als auch für die Stoiker und Epikureer.[5] In dieser Schrift legt Seneca dar, dass auch der Philosoph Reichtümer besitzen dürfe – vorausgesetzt, dass er sich nicht innerlich davon abhängig mache und jederzeit, ohne ihnen nachzutrauern, wieder darauf verzichten könne. Auch in den Dialogen *De tranquillitate animi* (*Über die Ausgeglichenheit der Seele*) und *De otio* (*Über die Muße*; nur zum Teil erhalten) scheinen eigene Lebenserfahrungen verarbeitet worden zu sein: Seneca stellt sich dem Problem, bis zu welchen Grenzen ein Philosoph verpflichtet sei, sich politisch zu betätigen. Man nimmt an,

5 Platon: symp. 205a; Euthyd. 278e. – Aristoteles: eth. Nic. 1,5,1097a 33 ff. – Stoiker: SVF III,2. – Epikureer: Epik. ep. Men. 122; 128.

dass die beiden Abhandlungen in den Jahren von Neros Muttermord und Senecas Rückzug ins Privatleben entstanden seien (also zwischen 59 und 62). In der mittleren Schaffensperiode, der Zeit zwischen der Rückkehr aus dem Exil im Jahr 49 und dem Rückzug von der politischen Bühne im Jahr 62, wird auch *De constantia sapientis* verortet (s. dazu genauer S. 117 f.).

Auch Senecas Spätwerk konzentriert sich auf die Ethik. *De providentia* (*Über die Vorsehung*) beschäftigt sich mit dem scheinbaren Widerspruch zwischen einer vernünftigen Lenkung des Universums durch den göttlichen Logos und der Tatsache, dass oft gerade die gerechten Menschen von besonders schweren Schicksalsschlägen getroffen werden. Doch der Weise solle sich daher, so Seneca, in Schicksalsergebenheit üben und das Übel seines Lebens nicht als Unglück betrachten, sondern als Aufstiegshilfe auf dem steilen Pfad zur wahren Weisheit und Tugend. Es entstammt jener Zeit aber auch die einzige naturwissenschaftliche Schrift, die erhalten blieb: die *Naturales quaestiones* (*Naturwissenschaftliche Untersuchungen*) in acht Büchern, worin Seneca vornehmlich meteorologische sowie geographische und astronomische Naturphänomene erörtert. Hierbei zeigt er sich gänzlich von griechischen Quellen abhängig. Auch in diesem Traktat bleibt Seneca durch und durch Moralphilosoph – Naturforschungen haben für ihn vor allem den Zweck, dem Menschen die Furcht vor dem nur scheinbar rätselhaften oder gar dämonischen Walten der Natur zu nehmen. Kenntnis der Natur befreit aber nicht nur von törichter Furcht, sondern ist nach Seneca zugleich das Erhabenste, dessen der Mensch teilhaftig werden kann. Senecas umfänglichster Dialog, das aus sieben Büchern

bestehende Werk *De beneficiis* (*Über Wohltaten*), behandelt das komplexe, auf Gunsterweisen und Gaben basierende Beziehungsnetz der römischen Gesellschaft, das letztlich eine soziale Absicherung war. Das Werk enthält zunächst eine Fülle praktischer Anweisungen über das richtige Geben und Annehmen von Wohltaten; im vierten Buch schließlich führt Seneca grundsätzliche philosophische Gedanken zum Thema aus: Wohltaten seien ein Teil der Tugend und müssten daher ohne die Hoffnung auf Gegenleistungen um ihrer selbst willen erstrebt werden. Man rechne nicht unbedingt mit Dankbarkeit, sondern nehme sich vielmehr die Götter zum Vorbild, die auch über Verbrechern die Sonne aufgehen lassen. Die *Epistulae morales ad Lucilium* endlich, wohl Senecas schönstes Prosawerk, waren insofern formal und inhaltlich eine Novität, als sie ihrem Zweck nach zwischen den Privatbriefen Ciceros und den Kunstbriefen des jüngeren Plinius stehen und zugleich Essays philosophischer Erziehung sind: Sie wenden sich primär an den Freund Lucilius, waren aber von Anfang an für die Veröffentlichung bestimmt. Sie suchen die stoische Schulphilosophie mit geringerer Pedanterie und Strenge und stärker an die jeweiligen Umstände angepasst zu vermitteln als die früheren Schriften und enthalten vielerlei Reflexionen und Meditationen über Freundschaft, Selbstgenügsamkeit, Affekte und Tugenden, die kluge Nutzung der Zeit, die Kunst des Lesens, angemessene Sklavenbehandlung, Krankheit, Dankbarkeit – kurz gesagt: die richtige Lebensführung und die richtige Einschätzung des Todes.

Wie Cicero ein Jahrhundert zuvor, während der späten Republik, so war Seneca in seiner Epoche, der frühen Kai-

serzeit, der maßgebliche Stilist. Er löste die klassische, ausgewogene und zugleich ausladende Periode Ciceros durch eine Stilrichtung ab, die kurze, staccatoartig aufeinanderfolgende Sätze und grelle Effekte anstrebte; diese Diktion war den manieristischen Pointen der zeitgenössischen Rhetorik verpflichtet und zugleich von origineller Vielfalt des Ausdrucks. Seneca war der erfolgreichste und meistgelesene Autor seiner Generation. Nach seinem Tod wurde er allerdings schroff kritisiert und eigentlich aus stilistischen Gründen bald wieder strikt abgelehnt; man hatte sich wieder der ciceronischen Klassik zugewandt, und vor allem die Autorität Quintilians führte dazu, dass man Senecas Schreibweise als Künstelei ablehnte.

Die Datierung von *De constantia sapientis*

Die Fachwelt ist mehrheitlich der Auffassung, dass *De constantia sapientis* nach dem Tod Caligulas im Jahr 41 (vgl. 18,1) und sogar erst nach dem des Valerius Asiaticus im Jahr 47 zu datieren ist.[6]

Der Terminus ante quem ist unstreitig der Tod des Serenus, der annäherungsweise um das Jahr 61 oder 62 anzusetzen ist. Vor allem Grimal[7] hat darauf hingewiesen, dass die Ereignisse im Partherreich im Jahr 55, das diplomatische Eingreifen der Römer und der Umbruch der innenpolitischen Lage eventuell in einem Zusammenhang mit unserer

6 Einen guten und aktuellen Überblick über die verschiedenen Ansätze der Datierung mit weiterer Literatur gibt Berno 2018, S. 10–15.

7 S. Grimal 1978, S. 203, Anm. 136.

Schrift zu sehen sind, denn Seneca schenkt jener Gegend des Imperiums darin einige Aufmerksamkeit. Daher war der französische Gelehrte der Ansicht, dass *De constantia sapientis* um das Jahr 55, »vielleicht ein wenig später verfasst worden ist, aber gewiss nicht viel später«.[8]

Neuerdings hat sich Francesca Romana Berno um eine genauere Eingrenzung des mutmaßlichen Abfassungstermins bemüht, in Abweichung von der These Grimals:[9] In 7,4 spricht Seneca von der moralischen Verantwortlichkeit für einen Giftmord, die durchaus auch dann besteht, wenn das Attentat missglückt – etwa dadurch, dass das Gift durch rechtzeitiges Erbrechen o. Ä. seine letale Wirkung verfehlt; genau zu einer solchen Situation kam es bei Agrippinas Versuch eines Giftmordes an Kaiser Claudius im Jahr 49; da nicht anzunehmen sei, dass Seneca beabsichtigte, Agrippina in einem solch ungünstigen Licht erscheinen zu lassen, sieht Berno dieses Attentat auf Claudius als Terminus ante quem.

Der Inhalt von *De constantia sapientis*

In den Handschriften lautet der Titel der dem Freund Annaeus Serenus gewidmeten Abhandlung nicht *De constantia sapientis*, sondern *Nec iniuriam nec contumeliam accipere sapientem* (»Dass der Weise weder Unrecht noch Beleidigung erfährt«) – das bringt den Inhalt auf den Punkt: Dem Weisen kann weder Unrecht noch Beleidigung zu-

8 Grimal 1978, S. 207.
9 Berno 2018, S. 13; Grimal 1978, S. 206 f.

stoßen. Er ist unverletzlich und kann nichts verlieren. Doch nur ein lebenslanges Bemühen um Selbstformung, vor allem aber ausgeprägte Affektkontrolle, die zur Freiheit von Leidenschaften (*apátheia*), zu Selbstgenügsamkeit (*autárkeia*) und Unerschütterlichkeit (*ataraxía*) führen soll, schafft Aussicht auf die Seelenruhe des stoischen Weisen. Der Text lehrt, wie man dieses Ideal erreichen kann.

Die Einleitung (1–4) gibt sich als Fortsetzung eines Gesprächs Senecas mit Serenus, in dem dieser sich erbost gezeigt habe darüber, dass Cato Uticensis (zu den Personen s. das Verzeichnis der Eigennamen auf den Seiten 93–101), ein Mann, der weit über Caesar und Pompeius zu stellen sei, im Zuge eines Gesetzesantrages brutale Handgreiflichkeiten einer aufrührerischen Meute politischer Gegner über sich ergehen lassen musste (1,3–2,3). Seneca beschwichtigt den jungen Freund mit dem programmatischen Satz, weder Unrecht noch Kränkung könnten einem Weisen etwas anhaben; die Bedeutung dieser stoischen Maxime löst er hernach von der Person Catos und den örtlichen und zeitlichen Verflechtungen und erhebt sie, aus dem Individuellen zum Prinzipiellen schließend, zu allgemeiner Geltung (3,1–4,3), wobei jeweils einer Rede des Serenus (1,3; 3,1–2) eine Gegenrede Senecas (2,1–3; 3,3–4,3) folgt, so dass das fiktive Gespräch als Fortsetzung des wirklichen erscheint. Mithilfe des *argumentum a maiore ad minus* wird der Gedanke entwickelt, dass Cato, da er im Kampf mit den gefährlichsten Gegnern seiner Zeit trotz seines Freitodes moralischer Sieger blieb, auch die bei Weitem geringfügigeren Kränkungen der erregten Volksmenge nichts anzuhaben vermochten. Cato wird einerseits ins Übermenschliche und Heroische entrückt und einem Odysseus und Herkules

gleichgestellt (2,1), andererseits gibt er im Fortgang der Rede den historischen Beweis dafür, dass es für Serenus – und den lernwilligen Leser überhaupt – durchaus möglich ist, sich wie dieser Paradestoiker unverwundbar gegenüber Unrecht und Beleidigung zu machen.

Die erste Hälfte des Hauptteils (*argumentatio*, Teil 1, 5–9) beginnt denn auch auf die Aufforderung des als anwesend gedachten Serenus hin mit der Abgrenzung der beiden Begriffe: Die *iniuria* (»das Unrecht«) sei ihrem Wesen nach schwerer, die *contumelia* (»die Beleidigung«) leichter und schwer nur für Empfindliche – durch sie würden die Menschen nicht geschädigt, sondern nur gekränkt (5,1). Wiederum wird durch ein aus der Historie gezogenes Beispiel, das Verhalten des Philosophen Stilpon, dargetan, dass die Kategorien »Weiser« und »Unrecht« gleichsam unvereinbar sind und einander schon vom Begriff her ausschließen. Denn der berühmte Stilpon erwiderte, nachdem bei der Einnahme seiner Vaterstadt sein Hab und Gut geplündert und seine Töchter geraubt worden waren, auf die Frage des siegreichen Feldherrn Demetrios Poliorketes, ob er denn etwas verloren habe: »Nichts, all das Meine ist bei mir.« Auf die wahren Güter sei nämlich keine gewaltsame Besitznahme möglich. Dieses berühmte *omnia mea mecum sunt* wird in der Folge leitmotivartig wiederholt (5,6; 6,5–7); Stilpons vorbildliches Verhalten bei der Erstürmung der Stadt Megara wird mit der Vorstellung der uneinnehmbaren »Seelenburg« des stoischen Weisen assoziiert: Ein *animus bene fundatus*, ein von Vernunft geleiteter Charakter, der sich selbst besitzt, kann jedem Angriff mit ruhiger Gelassenheit standhalten, da helfen keine Rammböcke und Türme, die gegen Babylon, Karthago, Numantia oder das

Kapitol ihre Funktion erfüllt haben mögen; gegen die Souveränität des Weisen aber können sie nichts ausrichten, denn das, was diesen schützt, ist sicher vor Feuer und Angriff, es ragt uneinnehmbar in die Höhe, den Göttern gleich. Nach dieser Verklärung des Weisen in seiner vollkommenen Ausprägung macht sich Seneca an den Nachweis, dass vom Standpunkt der stoischen Gesinnungsethik Unrechttun und Unrechtleiden keine korrelativen Begriffe sind und Unrecht nicht erlitten, sondern nur begangen werden kann und das alleinige Opfer der Täter selbst ist.

Die zweite Hälfte des Hauptteils (*argumentatio*, Teil 2, 10–16,3) befasst sich mit der *contumelia*, der Beleidigung, gelegentlich aber auch mit der *iniuria*, bis schließlich Seneca in seinem pädagogischen Eifer vergisst, dass er das Ideal des Weisen darstellen wollte, und »sich in die moralische Alltagspraxis« begibt und »Ratschläge für jedermann« erteilt,[10] vor allem hinsichtlich der Fragen, wie man auf Beleidigungen reagieren und was man tun solle, um sich von ihnen nicht beeindrucken zu lassen. So wird etwa dargetan, dass eine Beleidigung nichts anderes sei als eine Äußerungsform der menschlichen Dummheit; dabei wird der Weise mit Beileidigern aus verschiedenen sozialen Schichten konfrontiert, und Seneca weitet den Blick von Rom ausgehend auf entfernte Gebiete wie Pergamon und das Land der Meder, der Parther sowie auf Baktrien. Schmähung und Verleumdung fühle der Weise nicht, die *contumelia* sei nur dort wirksam, wo der Beleidigte eine verkehrte Einstellung zu sich selbst habe und, um des eigenen Wertes gewiss zu sein, der Bestätigung durch die Mitmen-

10 Fuhrmann 1997, S. 127.

schen bedürfe und in der Unsicherheit bei der Beurteilung des eigenen Ich allenthalben Zeichen der Geringschätzung von fremder Seite entdecke. Als Gegenmittel gegen diese Geistesverfassung wird die Kräftigung des Selbstvertrauens empfohlen (*fiducia*; vgl. 10,3). Hierauf stellt Seneca die Beleidiger in eine Linie mit Kindern (12) und Geisteskranken (13,1–14,2). Ihr Tun entspringe der Unvernunft und brauche daher nicht ernstgenommen zu werden. Das Recht entstamme der Vernunft, insofern sie auf das Problem der Ordnung menschlichen Zusammenlebens angewandt wird. Eine Verletzung des Rechts sei demgemäß wider die Vernunft. Überhaupt habe der Weise von dem, was vermeintlich gut und böse ist, nicht dieselbe Anschauung wie die Menge und kümmere sich nicht darum, was nach dem Urteil der Leute schändlich oder unglücklich sei, er laufe nicht dem Volk hinterher, sondern so, wie die Gestirne die der Erde entgegengesetzte Bahn einschlagen, so schreite er gegen die Richtung der Meinung aller.

Auch im Epilog und Schlussteil (16,3 ff.) wird frei von jeglichem Festhalten an starren stoischen Dogmen in lockerer Gedankenführung und in urbanem Gesprächsstil die Fiktion der Fortführung der Unterhaltung mit Serenus aufrechterhalten. Für das moralische Selbststudium zu stoischer Abgeklärtheit rät Seneca dem Lernenden zu Selbstkritik, Selbstverspottung und Selbsttröstung durch den Gedanken, dass der Beleidiger früher oder später die verdiente Bestrafung seitens eines Dritten finden werde (17,4; 18,5); garniert wird das alles mit allerlei Anekdoten und historischen Beispielen bis hin zur bekannten Episode, in der Sokrates von seiner Frau mit einem Kübel Schmutzwassers übergossen wird. Jedermann solle auf tätliche oder

verbale Injurien reagieren wie dieser berühmte Athener Philosoph: sie einfach mit einem Lächeln quittieren. Noch einmal wird das Motiv des Eingangs angeschlagen: die Schicksalsüberlegenheit des Weisen. Ende und Anfang schließen sich zum Kreis, und Seneca ruft in einem Schlussappell den anfangs als »weibisch« abgekanzelten Epikur plötzlich gleichsam als Kronzeugen der stoischen Wahrheit auf: Schließlich sagten auch die Epikureer, die doch dem Körper und dessen Begierden keinerlei Schranken setzten, dass Unrecht für den Weisen erträglich sei. Der Weise ist in seinem ureigensten Besitz unangreifbar, hohe stoische Sinnesart überwindet Unrecht und Beleidigung, lässt sich aber auch von Ehrungen nicht verführen.

Inhalt